U0361158

推荐语

在职场中，从个人贡献者到管理者是一个很大的角色转变，会遇到很多挑战。本书通过大量职场场景分析，系统地拆解了这些挑战及其应对方式，全面地讲授了新任管理者所需要的领导力基本功。本书把枯燥的管理理论以故事和漫画的形式呈现出来，可读性很强，是一本很好的领导力基本功修炼手册。

——夏华夏　美团副总裁、首席科学家

陈媛老师在互联网行业从事领导力培训多年，主导过多个企业级的领导力培训计划，是从实践中来到实践中去的践行者。很高兴看到她把自己的经验著书，奉献给读者，让更多人受益。

——王昊　哔哩哔哩前副总裁

曾经以为，这样的小说体文字，只会出自职业作家之手，没想到，企业大学领导力负责人也可以如此有趣＋有料；曾经以为，这样的漫画风格小说，只存在于宫崎骏的丛书里，没想到身边就有这样的奇才和佳作。老夫不由得深深感慨，世道不一样了，现在的领导力培训负责人不仅成精了，更是成仙了！

——马成功　京东大学原执行校长、《构建学习生态》作者

随着经历的增长和能力的提高，很多人会从被领导者成长为不同层级的领导者。《上任第一年手记》结合职业发展的典型场景，讲述了一个新任经理通过多角度综合思考，寻找最佳解决方案，逐步提升管理能力的历程，凝结了作者自身角色转换、追梦之旅的诸多感悟，图文中透着

一股小清新，相信能让读者开卷有得。

——刘灿　百度人力资源总监

最近互联网领域谈管理色变，认为管理者是没有价值的。如今作者把这几年的工作实践经验浓缩到本书里，为更多的互联网新任管理者提供了入门指导手册。希望读者从 IC 到 M 的路上能有迹可循，少走弯路，早日成为一位真诚、受信任的主管，不仅能带领团队拿结果，也能带领团队成员实现他们的目标。

——程成　小红书前人力资源总监

我想大部分人会同意，任何新角色或新工作的开始都是一个挑战。而在节奏越来越快的商业世界，你能犯错或尝试的空间其实很小。所以，作为一个新任经理，一个即将影响一批人的工作效果和成长发展的角色，压力是巨大的。快速熟悉新角色，与新的要求高效甚至无缝对接，是新经理人成功的关键。

很高兴看到本书出版。与传统长篇大论型的管理书籍不同，本书用直观、强代入感的方式，系统演绎了新经理成长路上的各种挑战和实践建议，让管理意识、方法、技能的落地与实际的管理场景紧密结合。本书可以作为新任管理者上岗后的行动指南，大大减少管理工作中的迷茫和混乱，同时有力推动管理效率和结果产出的提升。

管理是一项修炼。当你成为管理者后，你将面对更大的挑战，但这也会帮助你更深入地理解世界，领悟更高的要求，淬炼更强的能力，并帮助你所在的组织和员工变得更为优秀。

——叶天舒　滴滴学院前院长

在业务快速发展的过程中，企业会提拔一些业务尖兵作为中基层管理者，然而很多企业只关注了提拔，却忽视了培养。在大多数情况下，新任中基层管理者只能在实战中摸爬滚打，这种"放养式"的培养往往效果很差。在本书中，作者将自己多年的人才发展经验总结成为"四季领导力"，搭配生动有趣的故事案例，确实让人眼前一亮。

——张丽俊　创业酵母创始人、阿里巴巴集团前组织发展专家

本书站在读者的角度思考问题，直击读者的痛点，不是以我为中心进行叙述，而是通过最真实的体验，从自身管理经验中提炼有价值的方法，通过换位思考的方式呈现高密度的管理洞察。每一个场景都能帮你解决一个问题，明白一个概念，学习一个知识。这本书可将你自身这个"产品"打磨得更强，从而拥有更多成功的可能。

——刘润　润米咨询创始人、《5分钟商学院》主理人

这是一本青春、时尚、创新的，兼具趣味性、娱乐性的管理小说。作为年轻的互联网土著管理者，作者走在很前沿的地方，巧用漫画，坚持"阅享品质"的写作理念，以"读者体验"为主线，通过寓教于乐的写作手法，为读者提供了清晰、愉悦、界面友好的阅读体验。

——李源　《哈佛商业评论》中文版编辑总监

这是一本别开生面，且有料、有趣、有用的领导力发展指南。作者通过场景化的职场故事，复盘了一位新经理上任之年的成长之路。春夏秋冬四季是一个领导力持续培养与进阶的隐喻——领导力不是与生俱来的，而是可以通过学习和培训习得的技能与艺术，既是技法，也是心法。书中的插图漫画和"漫画剧场"让本书充满了清新的二次元气息，无疑能够得到正在转变成新任经理的新生代的身份认同，春风化雨，寓教于乐。

——常亚红　《培训》杂志副主编

本书生动地再现了当今职场上的各种问题与挑战。很多管理理论和概念都在鲜活的工作场景中得以体现，让读者能身临其境地思考自己如何判断和解决将会面临的具体问题，再与主人公的想法和做法相对照。这种阅读能够帮助读者勤于思考、敏于行动，助力其提升工作适应性和业绩。本书的呈现方式尤为适合新生代的员工和管理者。

——张志学　北京大学光华管理学院教授

四季领导力，是 90 后知识员工、互联网达人、职场精英对领导力的新定义，既新鲜又多彩！

春-夏-秋-冬领导力，是知-信-行-致的变化和循环。它们既是自然的，又是努力的；既是认知的，又是行动的；既是反思的，又是关系的；既是秩序的，又是变革的……

本书作者以故事和图画为载体，耳目一新地给读者展现了不同场景下的领导力和追随力，生动有趣又很实用。每个故事后面的"融会贯通"和"一句千金"，则揭示了案例背后的道理，读后让人沉思。本书既能带领读者徜徉在鲜活生动的故事中，又能帮助读者领悟组织、管理和领导力的原理。

随着持续学习和职场经验日益丰富，作者在领导力的研究和实践方面，一定会有更大的贡献和突破！

——冯云霞　中国人民大学商学院教授

陈嫒老师在两家知名互联网公司从事人才发展工作 10 余年，有十分丰富的一线培训经验。我很喜欢本书的内容结构、精彩故事、实用工具、生动表达，它是一本新任经理领导力修炼的入门宝典！

——徐中　清华大学管理学博士、《清晨领导力》作者

盖洛普曾做过一项调查，65% 的离职员工其实想离开的不是公司，

而是自己的领导。卓越的领导者能够得到团队发自内心的认同与信任，实现从成功走向成功。

领导力是可复制的。作者用看漫画学管理的创新手法阐述了新任管理者行为的四个层次："知—认识""信—信任""行—行动""致—得到"，巧妙生动地呈现了管理者在不同阶段的典型任务，并指出最有可能出现的管理痛点及误区，有助于新任管理者快速转变角色，提升领导力，实现自我成长。

——张伟　万达集团 CHO

本书将陪伴管理者度过成长路上的一个个必经的阶段。陈媛老师用她亲身看过、听过、学过、做过的一个个实际案例，带你穿越管理者的春夏秋冬，你将收获真知！

——吴忠纲　泰康商学院总经理

领导力向来是个热门话题，在企业中尤为重要。怎么做，何时做，各门各派都有自己的章法。但是本书结合一幕幕管理场景，用讲故事的方式，让领导力跟随角色成长。书中的每个角色都像是我们身边熟悉的人物，带入感很强。本书既介绍了大量的管理工具，又结合了知—信—行—致的认知发展理念。

这也是一部具有创新风格的领导力著作，陪伴读者走过一年四季所遇到的典型管理任务。非常适合从个人贡献者华丽转身为初级管理者的人群。作者近 10 年来都就职于极具创新精神的互联网行业，探索企业员工的学习与发展。

——尹冬梅　环球影城人力资源副总裁

不管你最终是否希望成为高管、CEO 或创业者，管理技能都是现代人必备的能力。学管理，不仅仅是因为进取心，更是因为它是一种职业生涯发展的基本保障手段。本书不仅仅手把手、一步步地教管理，还用有趣的漫画形式勾勒出很多应用场景——不需要领悟、照做就好。

——古典　著名职业生涯规划师、新精英生涯创始人

本书将为你打开管理之门，带你开启一段精彩的人生之旅。提到领导力，大部分人都觉得高深和神秘，但是作者的这本书却用简单、有趣的方式把领导力讲明白了，而且特别适合实战，拿来就能用。如果作者没有足够的实战经验和深厚功力是做不到这一点的，推荐大家阅读本书。

——邹小强　时间管理专家、《小强升职记》作者

用什么样的形式、什么样的内容培养新任经理，对任何规模的公司而言都是一个需要认真对待的问题，中国头部的互联网企业也探索了多年。陈媛作为人才发展领域的领导力专家，又是互联网领域的人才培养实践者，用创新的精彩故事和管理模型分享多年的培养管理人才经验，不是教条和讲道理，而是润物细无声。

我相信读了本书，新任经理们进入管理岗位的未知时刻，便不会把个人转变视为奇怪的、焦虑的，而是将其看成人生的一次华丽转身。

——周尚民　满满学院联合创始人

变幻莫测的商业环境一直在挑战企业的竞争力和创新能力，而企业管理者的领导力其实一直是核心商业能力之一。此书从领导力角度出发，强调在人才"选用育留"上把工作做细致，同时不断补充团队所需的新技能和新方法，这应该是未来管理者适应不同商业环境的必经之路。陈媛老师用春夏秋冬四季来寓意领导力，大道至简，形象生动，值得读者好好研读。作为互联网时代新职业人才培养的在线大学，三节课也一直在探索未来企业团队学习和竞争力保持的方法。

——后显慧　三节课创始人兼 CEO

正如本书第二篇所述，向上汇报，向下管理，上传下达，要想让受众愿意听、易理解、记得住，就需要思考和表达，重点突出，思路清晰，逻辑严谨，满足受众诉求，从而提升新经理的职场能见度、号召力和影响力。本书引用了麦肯锡的"金字塔原理"，帮助经理人掌握系统理论、方法论和工具，高效思考，有力表达，吸引注意力，提高逻辑思考力和解决问题的能力，使组织内形成统一的思维模式，进而提高效率。

——汪洱 《金字塔原理：思考、表达和解决问题的逻辑》译者

BECOMING LEADER

上任第一年手记

新经理人的修炼

—

陈嫒 方力◎著

李吉◎插画

机械工业出版社

CHINA MACHINE PRESS

图书在版编目（CIP）数据

上任第一年手记：新经理人的修炼 / 陈媛，方力著；李吉插画 . —北京：机械工业出版社，2020.12（2025.1 重印）

ISBN 978-7-111-66933-3

I. 上… II. ①陈… ②方… ③李… III. 企业管理 IV. F272

中国版本图书馆 CIP 数据核字（2020）第 226345 号

上任第一年手记：新经理人的修炼

出版发行：机械工业出版社（北京市西城区百万庄大街 22 号 邮政编码：100037）			
责任编辑：王 芹		责任校对：李秋荣	
印 刷：固安县铭成印刷有限公司		版 次：2025 年 1 月第 1 版第 4 次印刷	
开 本：170mm×230mm 1/16		印 张：13.5 插 页：4	
书 号：ISBN 978-7-111-66933-3		定 价：69.00 元	

客服电话：（010）88361066 88379833 68326294

十年磨一剑，我先后就职于两家世界 500 强互联网公司，从事人才发展领域的工作，培养了上万名初、中、高级管理者，讲授领导力相关的课程超过 1 万小时。我曾经跟随国内外知名管理大师诸如拉姆·查兰、查理·佩勒林、鲍勃·派克，以及清华、北大、人大商学院的诸多知名教授学习领导力。

作为互联网领域的领导力研究者，我经常思考中国特色的领导力是什么，有哪些创新点，有哪些能够因地制宜的理论。由于工作原因，每年我都会结识大量的管理者，倾听他们的管理困惑，为他们提供管理咨询，讲授管理课程，解决管理难题，我发现这些管理者有许多共性问题。

"四季领导力"的诞生正是我在探索管理行为是否可以借力社会环境、时节因素时产生的微妙效果。文中的"春""夏""秋""冬"是一种时间维度的比喻，分别匹配管理行为的四个层次"知—认识""信—信任""行—行动""致—得到"。

- "春知"象征你初创或融入了一个新团队，团队充满生机，万物复苏。你需要快速地勘察团队地形，了解人文地貌，给团队浇灌露水。
- "夏信"寓意热情与万物俱兴，作为管理者，在这个时期需不断获得上下级的信任，建立人与人之间的关系。
- "秋行"是指在一个凉爽而理性的时节，应把热情和良好的人际关系转化成行动的力量，以结果为导向来思考与行动，所谓"绝知此事要躬行"。

● "冬致"象征瑞雪兆丰年，此前的所有努力都将在此时"种豆得瓜"，格物致知。

自始至终，四季更替：终身学习和职业规划，所有的行为不断地循环往复，抑或交叠并行。在领导力修炼的路上，我们要把自己的志趣规划成事业，养成终身学习的习惯。领导力是一门艺术，如果我们将天时地利人和的社会环境及时节因素融入管理之中，给员工创造仪式感，顺势而为，将会收到事半功倍的管理效果。

作为90后的新锐管理者，我希望探索一套互联网领域创新的、能可视化落地的领导力图书，化无形为有形。我希望把领导力管理经验从传统的变成现代的，从学术的变成大众的，把自己热爱的分享给成千上万人。

陈媛

seasonalleadership@163.com

目 录
CONTENTS

04 第四章
向上管理

秋 行

05 第五章
项目管理

06 第六章
跨团队协作

李大为

70后，部门总经理。管理经验丰富，团队领导有方，深得人心。

老滴

80后，资深员工，专家型人才。专业能力强，熟悉公司各部门工作流程，但工作热情不足，有时会与同事产生冲突。

阿度

85后，工作经验10年。踏实肯干，心思细腻，个性不张扬，做事有条理，但热情不足。

光光

陈北北的私属宝物，人工智能台灯，全语音唤醒，3D全息投屏，还拥有多变附加组件。

陈北北

90后，新任经理。工作经验6年，管理经验2年，目前处于从明星员工到优秀管理者的转型过程中。进取心强，性格坚韧，如饥似渴地学习各类管理知识。

赵小陌

90后，陈北北的室友兼闺蜜。好学好问，活泼开朗，经常向陈北北请教问题，也总能带给陈北北新的灵感。

张小团

95后，职场新人，毕业后加入公司不到1年。能动性强，积极但缺乏经验，热情、大方、活泼。

春知

01 第一章 新官上任

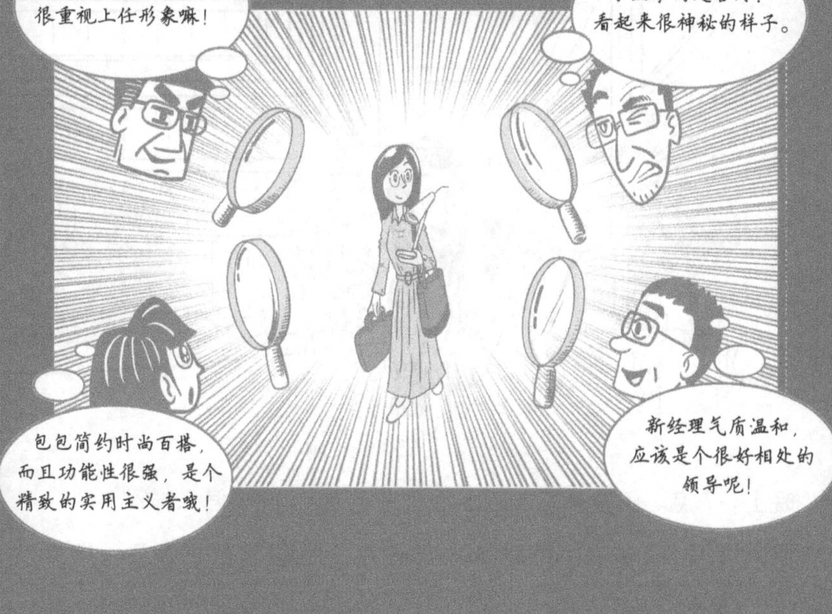

面试——天时地利人和的考验

"金三银四"是一个春意盎然的跳槽高峰季，陈北北走出 T 公司的大门，重重地舒了一口气。回想刚才在会面室最后听到的那句话，她暗暗做好了决定。

晚上，7 点。闺蜜兼室友赵小陌打来电话："面试怎么样？"

陈北北说："本小姐美貌与才华并存，胆略和智慧齐飞，能有什么问题！"

陈北北刚刚从工作了 6 年的 A 公司离职，虽然在 A 公司的时候她早已是骨干员工，但感觉短期内触到了职业的天花板，这才有了今天的面试。

陈北北前脚刚进家门，赵小陌就从房间里蹦了出来，举着肉肉的粉拳在陈北北眼前晃悠："从实招来，你是不是走后门了？没见你怎么投简历，居然这么快就找到工作啦！"

陈北北笑着说道："80%的好工作都不在招聘网站上。"当陈北北有跳槽打算的时候，她并没有急于在各大网站投简历，多年的职场经验让她知道，普通人的求职路线与高端职位的招聘路径几乎完全相反。雇主的招聘思维是：公司内部提拔→找高能力者→熟人推荐→人事招聘，一个职业发展不错的人，在前三轮就被挑走了。陈北北有一个好习惯，定期在社交媒体、猎头那里更新简历，保证随时都能拿出一份漂亮的简历，所以大学毕业之后她就没投过简历，因为完全没必要。

赵小陌依旧不依不饶："这么容易就能做领导，我也要换工作。"架不住赵小陌的来势汹汹，陈北北若有所思地说道："换工作和面试可都是要经过全方位的谨慎思考的，别任性。"

对于陈北北来说，面试就像一次对标交流的机会。这样的面试是收集信息的过程，也是跟市场交换信息的过程。每一次面试，陈北北都既是被面试的候选人，也是反面试的面试官。

找工作还要具备一个好的心态：尽力展现自己，录不录用是公司的事。没拿到offer不代表就没有机会，每一次面试都是储备被动人脉的机会，除了可以进入面试公司的HR系统人才库，还能成为面试官心中的潜在选手。陈北北这次到T公司面试，就是早前接触过的面试官推荐促成的。

赵小陌听得频频点头："原来你这是放长线钓大鱼呀。"

陈北北答道："其实是种善因，得善果。"

赵小陌突然一脸认真地说："那我也要提前准备起来，说不定哪天就用到了，先从一个完美的自我介绍开始好了。"

陈北北笑着敲了一下赵小陌的脑袋，说道："自我介绍建议打安全牌，切忌用力过猛。"自我介绍不是一票肯定项，但有可能是一票否定项。

聊天渐渐步入正轨，陈北北继续分享今天的面试经历。面试分为两个部分，面试前准备和整个面试过程。前者是自我梳理的过程，后者是更好地展现自我的过程。面试过程中，展示自己的亮点和优势、与岗位的匹配度、潜力。只要提前准备，有的放矢，面试其实并不复杂。

面试就是跟面试官沟通的过程，面试官的问题分三类：基本信息、专业问题、开放性问题。提前准备结构化的面试问题清单，是这次陈北北面试成功的制胜法宝。站在面试官的视角来制定相应的回答策略，像"你还有什么要问我的"这样的问题，陈北北都列上了问题清单，并写上了解决方案：需要用心观察面试官是否真的有意要聊下去，再判断是愉快地结束沟通，还是适当提问。

同时，陈北北在整个过程中还使用了反面试技巧，反面试并没有太复杂，简单来说在心里问三个问题：公司好不好、活儿是不是我想干的、领导行不行。所以，陈北北对 HR 和面试官同样重视，在跟 HR 电话沟通时和现场面试时，都格外注意收集相关信息。每个接触的环节都是考察未来工作的大好机会。

"领导行不行，面试里也能看出来呀？"赵小陌问道。

陈北北点了点头，答道："主要看三个方面，领导有没有水平，领导有没有进取心、事业心，跟着这个领导有没有发展前途。这些可以通过观察他的沟通风格、向 HR 打听他的工作状态，以及问他对自己的工作期待是怎么样的，进行综合分析。"

了解未来的领导，特别是直接领导很重要吗？是的，很重要。未来领导就是未来办公室里的空气，如果你跟未来领导风格不搭，是会窒息的。

"那你今天见到的未来领导怎么样呀？"赵小陌睁大眼睛好奇地问道。

陈北北嘴角上扬。在最后一轮面试中，面试官李大为一反常态，原本老谋深算、凡事斟酌的他，直接向陈北北发出了邀请：来我的团队，和时代脉搏一起跳动，和伟大同行！

融会贯通

1. 雇主的招聘思维：公司内部提拔→找高能力者→熟人推荐→人事招聘。
2. 面试时要有全局视角，以获得面试的附加价值：历练经验、自我认知、储备被动人脉。
3. 自我介绍不是一票肯定项，但有可能是一票否定项。
4. 提前准备面试问题清单，应对面试官的三类问题：基本信息、专业问题、开放性问题。
5. 反面试三问：公司好不好、活儿是不是我想干的、领导行不行。
6. 考察未来领导看三个方面：领导有没有水平，领导有没有进取心、事业心，跟着这个领导有没有发展前途。

一句千金

每一次对外交流都是一次隐形面试，

抓住树立个人品牌与专业形象的机会，

有意识地提升个人在行业内的影响力。

定义新角色——建立联盟

"欢迎北北姐。"张小团向陈北北招着手。

3月7日，"女神节"，陈北北知道首映效应很重要，今天特地穿了一条橙色连衣裙，以青春靓丽的形象来搭配这个上任的日子！一个新团队就像春日里刚刚破土的小苗，生机勃勃，未来无限可期。陈北北第一次跟三位团队成员见面，一进会议室就看见张小团热情地招手，阿度朝老滴看了一眼，犹豫了一下，还是站起来表示欢迎。陈北北热情地回应两人，目光不由地落在正在敲键盘的老滴身上。老滴这才放下手里的活儿，丢出一句："欢迎新老板。"陈北北招呼张小团和阿度坐下，一阵寒暄之后，开始询问三个人的工作内容。

开完第一次会议，陈北北对团队工作有了更清晰的了解，最大的收获是大致摸清了三人目前的工作状态。三人中唯一的女孩张小团，属于自燃型，很有动力把事情做好。阿度比较谨慎、做事稳健，但没有太强的进取心，属于可燃型，需要帮助他释放优势。至于老滴，资历最深，比陈北北要年长几岁，今天他在会上的表现在陈北北意料之中，在没弄清楚老滴的真实想法前，先把他定为阻燃型，属于没办法达成共识的老员工。

上任第一天，应该做些什么呢？这是陈北北正在思考的问题。或许应该发起一次团建，快速熟悉整个团队的同事，加快融入团队，可是一次团建就真的可以解决这个问题吗？陈北北有些烦躁，于是打开桌上的人工智能台灯"光光"，开始和它对话，请光光智能搜索一下，看看有多少种建议。

"我明白了，谢谢光光。"陈北北松了口气。这一次对话给陈北北带来了很多新维度的输入。没错，上任第一天就要与下属建立同盟！相比直接投入工作，优先建立人际关系的思路更加有效，可以让自己更快地适应新岗位，避免孤立无援，这也是提高工作效率的最好方式。

陈北北理了理思路，从两个方面着手去做。

一方面，她找到张小团，了解到大部门有水果团购微信群这样的"非正式组织"。要知道，新人不是一下子就能融入团队的，而是先融入某个由几个人组成的小网络，再打入大群体。非正式组织，在个体融入团队的过程中，承担了红娘的角色，并且有着"由个体自发地发动"和"环境不太正式"两个特征。这是传统团建所不具备的，因为在大家还不熟的时候，大部分人都会保持自己的专业形象和人设，避免落人口实。

陈北北加入水果团购微信群之后，惊喜地发现大部门一半的人都在群里，群里的聊天风格跟工作群天差地别。陈北北发了进群后的第一条消息："乡亲们，有团购记得捎上我呀！"没有红包，也没有生硬的寒暄，就这样顺利地成了"团购小分队"的一员。

另一方面，陈北北特别注意收集合作部门和供应商的信息并取得联系，这正是团队中三个人之前忽略的工作。随着工作思路的理顺和人脉网络的逐渐拓宽，陈北北开始把优质资源和供应商信息分享给团队。阿度和张小团来找陈北北征求意见时，陈北北不是直接给出解决方案，而是在辅导后提供必要的资源，并且帮他们扫清上层和外部沟通层面的障碍。

尽管陈北北是新官上任，但是经过这段时间的磨合，团队高效运转，阿度和张小团更是干劲十足。现在稍稍令人头疼的就是老滴，依旧是一副不显山不露水的模样，尽管手头的工作都能正常完成，但陈北北知道，暴风雨来临的前夜都是平静的。

融会贯通

1. 团队管理中可以把员工分为三种类型：自燃型，很有动力想把事情做好；可燃性，没有太强的进取心，需要一些管理的艺术去点亮他；阻燃型，想尽办法都不能跟他达成共识。

2. 上任第一天，尽快与下属建立同盟。先建立人际关系可以更快地适应新岗位，避免孤立无援，提高工作效率。绘制一张人脉关系网络图，你的上、中、下级之间有哪些干系人，明确他们的关注点及利益点有哪些、部门的职责及业绩指标是什么。

3. 非正式组织，在个体融入团队的过程中，承担红娘的角色。非正式组织有两个特征：由个体自发地发动、环境不太正式。

4. 优秀的领导者可以激发员工的干劲，提供必要的资源，从而让团队高效运转。

一句千金

大量收集公司及部门的形势信息，

厘清人脉关系网络，

快速与下属建立同盟。

新任风暴——新经理绝不是新手经理

凌晨 1 点，陈北北关上家里大门，轻手轻脚地往自己的卧室挪。

客厅的灯突然亮了。"好久不见呀，我亲爱的室友。"赵小陌噘着嘴说道。

陈北北做了个鬼脸，说："天天住在一起还好久不见，这么晚你怎么还不睡觉？"

赵小陌说："自从你换了公司，我就没见着你的面，早上我还没起床你就走了，晚上我睡了你还没回来。我今天就想看看你是不是直接住进公司了，没想到你还真回来了。"

陈北北确实忙，开始的一段时间，她以为刚到新的岗位，大量新信息需要消化，适应一段时间就好了，可没想到一直停不下来。就连开始时关系不错的阿度和张小团，似乎这几天也有些不对劲了，可是，到底是哪里不对劲呢？是新工作不对劲，还是陈北北自己不对劲呢？今天被赵小陌堵门，她才意识到这个问题得解决。要知道你不解决问题，你就会成为问题。

"你都当领导了，居然比以前还忙，以前你那么拼，都没像现在这样，你是不是有特殊情况？快招！"赵小陌坏笑着说。

一语惊醒梦中人，陈北北怔了一下。不过看时间不早了，她赶紧推小陌回去睡觉。

陈北北回到房间，发现确实应该好好理理思路，为什么做了领导后，反而比没有团队的时候更辛苦，而且自己明明做了那么多事，团队的成员反倒不买账了。

陈北北现在的工作，跟她之前在A公司做业务骨干时的工作内容相同，大部分事情她都非常擅长，做起来也得心应手。她本身就是专家，可以说什么大风大浪都见过，通过高效率地完成部门工作，完全可以体现她的专业度和存在感。在指导下属方面，只要当阿度和张小团主动来找她，她就会挪出时间跟两人充分沟通。陈北北把自己近一段时间的工作内容和方式一条一条写下来，打算明天跟老板李大为好好聊聊。

第二天，走出李大为的办公室，陈北北长舒一口气："老板就是老板。"

这次沟通下来，让陈北北对自己的工作有了全新的认识。做得好的地方是，自己在上任第一天就有意识地建立了横向和纵向的支持性同盟，既跟大部门的同事处好了关系，也给李大为、阿度和张小团留下了不错的第一印象。不过，眼下需要解决的问题也不少，主要有四个方面。

要求自己必须行动。 陈北北有些操之过急，过急过早地想证明自己。从早忙到晚，连睡觉的时间都要压缩，根本没时间好好思考和学习，导致做出错误决策，引发团队质疑。

做得太多。 陈北北在所有方向上都投入了精力，只要其他部门有活儿她就接，不挑活，也不征求团队成员意见，只想尽快尽早成功。没有在重点项目上投入资源，这让团队成员很困惑。

带着标准答案做事。 陈北北在跟团体商定方案时，自己其实早已打定主意。当团队成员建议无果后，他们就不再提供更有效的信息和更好的方案，尽管他们内心其实并不支持当前的方案，这也造成了阿度和张小团逐渐疏远自己。

僵固型思维。 陈北北认为自己是专家，一直以自己习惯的方式做事，没有意识到新岗位需要使用新策略，需要开发新能力。

陈北北找到了问题所在，自己现在处于从个人贡献者到管理者的转型阶段，不仅要挑战全新的管理者角色，还要在快速变化的充满不确定性和高挑战性的商业环境中活下来。

任重而道远，陈北北在内心大声地告诉自己：陈北北，你现在是一位领导者了！

融会贯通

1. 成为一名管理者后，要马上适应职业角色的转变，快速实现从个人贡献者到管理者的转型。
2. 不要求自己必须行动。不要操之过急，而要投入精力去了解新岗位所处的环境，建立了解当前情况的关系和信息渠道。
3. 避免做太多。开展工作前要有足够的沟通，制定清晰、可实现的具体目标，只在重点项目上投入足够的资源。
4. 不带着标准答案做事。保持自己持续学习、勇于创新的能力，以前的方式不一定适用于当前的情况，好的解决方案需要团队成员的支持。
5. 避免僵固型思维。建立成长型思维，迎接挑战。

一句千金

解决新角色面临的问题需要有足够的耐心，

同时还要加强从个人贡献者向团队管理者转型的意识。

聘用通知

欢迎!

成为经理，进入管理层，

这边请。

就是跨入了领导梯队。

就像我一样，哈哈哈哈。

只偷偷乐这么一小下，我还是很冷静的。

我还只是入门经理，是领导梯队中的最基层。

作为新经理，要想想如何提升自己的领导力。

首先，非常有必要了解一下完整的领导梯队是什么样子的。

毕竟这是一条长长的职业发展线路，路上少不了风雨。

了解了线路全景就像是手里有了地图。

这样可以大大消除初任经理时的紧张感。

经典的领导梯队理论中，定义了7个领导层级。

每一层级都有不同的工作理念，不同的领导技能，不同的时间分配。

- 首席执行官
- 集团高管
- 事业部总经理
- 事业部副总经理
- 部门总监
- 一线经理
- 个人贡献者

从下往上升级的过程，包含多次领导力转型。每次转型都要在工作理念、领导技能、时间分配这三方面上做出改变。

我现在正在经历的就是第一次转型。

从与大家协作的项目经理到带领大家工作的一线经理。

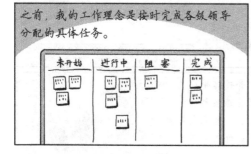

之前，我的工作理念是按时完成各级领导分配的具体任务。

未开始｜进行中｜阻塞｜完成

领导技能就是安排好我自己。勤奋努力，早睡早起。

时间分配上嘛，不怎么需要分配，把全部时间都放在项目上就好。

我在之前的层级时，可以被叫作"个人贡献者"。

万事开头难。

新经理要经历的第一次转型，是领导力从无到有的过程。

首先，在工作理念上需要有根本性的转变。

要认识到不再是自己直接去创造价值了，

而是要通过别人去创造价值。

其次，需要学会使用很多领导技能。

例如：使用"目标管理"，让团队有统一的目标；

学会"激励手段"，根据团队特点进行有效的激励；

懂得"营造环境"，给大家营造良好的环境，激发大家发挥出各自创造价值的能力。

现代管理学的众多书籍，把各种领导技能整理得非常完善，做成了可以随时查阅的管理小工具，是我们转型过程中的好帮手。

最后，是在时间分配上的转变。

需要把更多的时间放到帮助同事、辅导同事上，花尽可能少的时间去直接创造价值。

最好做个时间记录，看看在时间使用上有没有显著变化。

如果没有，那就要好好反思。是工作理念上转型不够，不愿意多花时间做管理工作，

还是领导技能不够，缺少多花时间做管理工作的能力？

虽然终极目标还很遥远，但有了"领导梯队"的全景视角，也是一个对自己很好的激励。

看着未来一步步的"晋级关卡"，真想快点坐稳"一线经理"的位置，好开始下一次领导力转型。

在这之前，我要把新经理的角色慢慢演好。

在领导力修炼的路上，有很长的路要走呢。

要顺利完成马拉松比赛，千万不能从一开始就冲刺。

02 第二章
团队管理

团队评估——为团队把脉

周末，10 点。陈北北坐在星巴克的户外休闲区，手里的笔迟迟落不下来。她现在的心情是既兴奋又有些懊恼，对于新工作的挑战充满了斗志，但似乎想要处理得当又并非那么简单。

在咖啡馆正好整理思路，希望咖啡不要让我太激进。

原本她自信能够解决所有的问题，现在看来是过于乐观了些。回想前一段时间三位组员的综合表现，陈北北不由地想：这个团队的人表现似乎都没有达到理想水平，自己是不是应该提早招兵买马。不过仔细回想上次跟李大为的沟通，陈北北逐渐有了新的思路。从团队后续的表现看，今天陈北北在星巴克一上午的思考相当有价值。

首先，陈北北想清楚了三件事情。第一，面对新工作的挑战，自信能解决所有问题是大忌，新经理的当务之急是适应新环境。第二，认为团队成员不行，这种想法是有问题的。作为新任领导，不能只看到问题，还得看到团队的优势和获得过的成果，并且要表达对他们贡献和成果的珍视，否则，他们必然会疏远你。第三，"急于为自己招兵买马"是非常危险的举动，新经理自己还没有在公司建立起个人信誉和威望就急于这么做，很可能被认为是对公司现有人才水平的不满。

陈北北终于下笔了，开始设计团队成员的评估表，打算好好为团队把把脉。没有太复杂，分两步走，先确定前提，再对号入座。

第一步，团队中三种人一定不能要。第一种，不成熟的人，喜欢怨天尤人、搬弄是非，似乎所有人都亏欠他，这种人会影响所有人的情绪。第二种，不认真的人，态度决定一切，态度认真的人也一定是有责任心的人，不认真的人会严重干扰项目的进程。第三种，不职业的人，光说不做，永远抱怨事情没有解决，但从来不去解决或者想怎么解决，这样的人不仅自己不成长，还会影响团队的成长。

第二步，团队中需要三种人：领导者、骨干员工、辅助员工。要知道，一个好的团队肯定不能全是高手，优秀的团队一定是由少量的高手和一群好手组成。领导者是团队的核心，骨干员工是团队的战斗力，辅助员工是团队的执行力。领导者的任务是搞定骨干员工，骨干员工的任务是带领辅助员工。

想清楚了这些，陈北北也看准了自己团队的"脉象"。显而易见，自己是团队的核心领导者，阿度和张小团是合格的辅助员工，至于骨干员工……

其实骨干员工一直摆在那里，陈北北心知肚明，老滴不论是在专业能力上还是工作思维方式上都非常老道。可是，自打陈北北上任以来，老滴就跟她不对付。思来想去也觉得自己没有得罪老滴，陈北北是哑巴吃黄连，有苦说不出。

既然领导者的首要任务是搞定骨干员工，那么，看来搞定老滴这件事，陈北北必须要主动出击了。

此时，一阵风吹过，很有一种山雨欲来风满楼的架势。

融会贯通

1. 新经理入职，自信能解决所有问题是大忌，当务之急是适应新环境。

2. 作为新任领导，不能只看到问题，还得看到团队的优势和取得过的成果，并表达对他们贡献和成果的珍视。

3. 新经理自己还没有在公司建立起个人信誉和威望，就不要急于招兵买马。

4. 团队中三种人一定不能要：不成熟的人、不认真的人、不职业的人。

5. 团队中需要三种人：领导者、骨干员工、辅助员工。

一句千金

敏锐地洞悉人性：

盘点团队每个成员的能力与贡献意愿，

掌握他们的基本信息、技能水平、知识水平、

经验水平、往期绩效及工作态度。

获得团队认同——对症下药，以德服人

"五一"前某天上午 11 点，陈北北点开"五一"放假三天的邮件通知，想着趁假期再好好梳理一遍团队工作和人员安排，这时她见老滴刚好从茶水间回来，心想是该找老滴谈谈心了。

陈北北整理好思路，告诉自己要保持冷静和淡定，马上要处理的是常见而非小众的职场问题。老滴这段时间针锋相对一定有其背后的原因，陈北北心里也大致有数。

"老滴，现在有时间吗？想约你聊一聊这段时间的工作情况。趁着马上'五一'了，咱们都可以在假期再规划一下。"陈北北走到老滴边上说。

老滴迟疑了一下，扭过头说："好。"

"走吧，我们去小会议室聊。"陈北北朝小会议室走去，老滴这才起身跟上。

15 分钟后，老滴先从会议室走了出来。陈北北独自在会议室里愁眉不展，看来今天的午饭是吃不下了。

提前预想过各种结果，也做好了最坏的打算，可陈北北万万没想到是现在这种情况：老滴从进会议室到出来，一共就说了三句话，两句"好"和一句"如果没有别的事情，我就先去干活了"。

陈北北原本以为是她空降这件事让老滴对职业发展感到沮丧，认为是她抢了他的晋升机会，他才会跟她不对付，想把她尽快赶走。所以，陈北北打算对症下药，首先对老滴没能晋升到经理岗位表示同理心，再表明以

他的专业度，晋升是迟早的事，只是现在他还有一些方面需要提升。最后，陈北北还表明自己的善意，愿意帮助老滴补足短板，只要老滴现在踏踏实实地跟自己一起拼，未来肯定有晋升机会。结果，老滴只淡淡地回了一个"好"。显而易见，本次沟通以失败告终。

陈北北知道在这次沟通中策略没用错，那么，肯定是把背后的原因弄错了。对于背后的原因，另一种可能就是老滴认为自己资历深、年龄大，所以不服管理。如果是这种情况，就需要用更长的时间去化解偏见，陈北北也想好了对策，只能在以后的工作中尽力体现自己的专业能力，用成绩证明自己。这次，陈北北决定找阿度聊聊。经过跟阿度的沟通，陈北北才深刻地理解了什么叫作"想法很丰满，现实很骨感"。阿度表示，尽管他也不知道老滴为什么最近比较冷漠，但是以他对老滴的了解，肯定不是陈北北猜测的这种情况。

陈北北真的有点傻眼了，在洗手间照了又照镜子，自己也不丑呀，怎么老滴就是看自己不顺眼？看来只能求助"大神"了，陈北北果断约了李大为。

这次从李大为办公室出来，陈北北是喜忧参半，老滴背后的原因是找到了，不过自己也被李大为数落了一顿，原因是不该找阿度沟通这件事。在管理中，遭遇老滴这样的员工，找准原因需要一个过程，最有效的方法是与自己的直接领导摊开来讲，也就是让李大为来答疑解惑。自己的直接领导，一定会保护自己，并帮助自己树立威信，融入团队。有一点，特别要注意，就是一定不能找老滴的下属或者同级沟通，因为这种事情很容易被八卦，如果传到老滴的耳朵里，对于化解误会不利。

被数落一顿也值了，陈北北终于找到了背后的真正原因，只要处理得当和及时，就能马上解决眼前的问题。通过跟李大为互通信息，陈北北了解到，她这个位置上的前任经理是一位"佛系"领导，对老滴完全放权，老滴也凭着过硬的专业能力没有辜负大家，在团队中树立了很高的威望。陈北北前一段时间忙得没日没夜、事无巨细地过问，完全不给老滴自主的空间，老滴的工作空间和创造性都被限制住了，老滴每天都在夹缝中工作，所以才跟陈北北针尖对麦芒。

搞清楚原因之后，陈北北第二天就约老滴开午餐会，表明自己理解老滴心里的顾虑和心态，对他过去的成绩和贡献表示肯定，并表示自己会将这种放权的模式延续下去，希望老滴继续发光发热，不过在大的方向和重大决策上自己会直接参与。未来可能会有意见不统一的时候，但大家的目标都是一致的，都是希望项目成功，所以请老滴也有一个心态上的调整。这一点，其实是在委婉地告诉老滴，以前那种完全放权的时代过去了，希望他尽早适应。

经过陈北北相对温和且有技巧的沟通，老滴的话也多了起来，就着午餐会的时间，老滴将前一段时间的工作情况和下一阶段的工作规划向陈北北做了详细的汇报。

冤家宜解不宜结，这一关总算是过了。陈北北觉得这三次沟通搞定老滴，还真有点"刘备三顾茅庐"的意思。

"那么，接下来要做的，就是我们团队的'隆中对'了！"陈北北长舒一口气。

融会贯通

1. 解决下属不服问题三部曲：保持冷静、找准原因、对症下药。

2. 空降领导，骨干员工不服管理的三种原因：

（1）骨干员工认为晋升机会被抢，对职业发展感到沮丧，想把新领导尽快赶走。

（2）骨干员工认为自己比新领导资历深、年龄大，所以不服管理。

（3）骨干员工的前任领导完全放权，骨干员工在团队中树立了很高的威望。新领导上任之后，骨干员工被束缚，所以针锋相对。

3. 针对以上三种原因，对症下药：

（1）直接找骨干员工沟通。首先表示同理心，再表明对他的肯定，最后表示善意，只要现在踏踏实实地一起拼，未来有晋升机会，一定优先考虑。

（2）不要找骨干员工的下属或同级沟通。用更长的时间化解偏见，在以后的工作中体现自己的专业能力，用成绩证明自己，并且对于年长的下属要保有称呼上的尊重。

（3）首先表明自己理解的态度，接着表示自己支持放权，最后委婉告知，以前那种完全放权的时代过去了，希望他尽早适应。

一句千金

公开地传递自己的管理理念，

获得团队认同和接纳是打造精英团队的关键。

重新定义团队——打造团队的一致性

　　假期结束归来，团队每个人都充满了能量。立夏前夕，陈北北把管理方式理顺了，把团队成员也搞定了，她决定要一鼓作气，打造一支卓越的团队，首先要做的是打造团队的一致性。为此，陈北北专门抽出团队半天的时间，来做"正式就职演说"和团队成员间的深度介绍。

　　上午9点30分，会议室。"今天，我要向大家全面深入地介绍一下我自己……"陈北北站在台前，面向老滴、阿度、张小团，开始介绍自己的职场经历、个人生活、管理风格以及未来的工作方向。

　　陈北北加入这个团队已经有2个月了，这个时候进行一次正式就职演说，不早也不晚，在充分熟悉公司环境和上下级同事之后，陈北北可以有的放矢地精心准备这次个人就职演说。陈北北希望通过这次正式的介绍，

拉近跟团队的关系，挑明管理风格，划出管理红线，说明与前任领导风格的异同，降低与团队成员沟通的成本。陈北北早有准备，在台上自然是妙语连珠，演说时间虽久，但句句到点，没有多余的废话，听得台下三人对这位新领导越发诚服。

陈北北提到了足球和NBA，"全明星球队几乎不存在，就算有，也很难赢得比赛，一支优秀的球队，一定也是一支平衡的球队；并且在一个球队中，如果明星球员打法太独，无法带动其他球员得分，也无法赢得比赛。无法带动他人，一个人的优秀是没有意义的。在工作当中，团队就应该是一支球队，为了赢球这个目标，而一起发力"。陈北北把团队比喻成球队，是为了让大家明确目标，明确团队应该为"赢球"而努力，她要提升团队获得成就的可能性。

一个好的团队必须要带给团队成员成就感，同时也要让团队成员有归属感，"打成一片"很重要。如果领导什么都不做，团队将难以形成凝聚力，这将直接影响员工的精气神。可以通过建立学习型团队，定期集体学习研讨，让大家相互交流，不断成长，有所成就。当然，团建也是必不可少的一环，吃喝玩乐的团建做了不一定有效，但不做一定无效，要给员工足够的归属感。

"老大威武""跟着北北姐有肉吃"，这不，在阿度和张小团的欢呼中，陈北北带着大家去海底捞团建了。

今天的信息量非常大，陈北北进一步拉近了跟团队的关系。不过要打造团队的一致性，做到今天这些工作就足够了吗？在回家的路上，陈北北忍不住思考，总觉得还少了什么。突然，两个声音浮现在陈北北脑海里，"你是团队的榜样吗""你的言行是否一致"。没错，为了打造团队的一致性，最重要的事情之一就是，让自己成为团队的典范！

陈北北嘴角微微扬起，感谢这及时的灵光一闪。不过陈北北知道，还有最后一件事要做好，打造团队的一致性这件事才算完成，而这件事她一个人做不了，需要所有团队成员一起参与，那就是，明确向团队成员表达和分享团队愿景。

融会贯通

打造团队一致性需要做到以下五个方面：

（1）充分熟悉公司环境和上下级同事后，做一次公开的就职演说，介绍自己的职场经历、个人生活、管理风格以及未来的工作方向。

（2）给团队成就感：明确团队目标，告诉大家团队是一支球队，大家在一起是为了赢球。

（3）给团队归属感：建立学习型团队，定期学习、研讨或团建，让员工不断成长，有所成就。

（4）领导者要成为团队的典范。

（5）明确向团队成员表达和分享团队愿景。

一句千金

团队建立初始，应欣赏个体差异，

打造集体一致性。这需要和团队成员沟通，

明确团队成立的价值所在，统一认识，提升凝聚力。

共启团队愿景——每个团队都有梦

　　愿景就是一幅描述美好未来的图景，然而这个词已经被用滥了，成了职场当中最抽象、用得最多，也最容易被误解的一个词。如果仅仅是拉着大家开一个会，很可能只是走个过场，憋出一个"假愿景"。

　　陈北北一筹莫展，看着窗外的毛毛雨，思绪回到两年前，当时正经历变革后的团队动荡期，大家一起做了一个"团队愿景引导工作坊"。看来这一次要从过去的经验中找寻问题的答案了，她翻看着原来工作坊的设计流程，结合当下现状，设计了一份工作坊流程表（见表2-1）。

表2-1　工作坊流程表

工作坊目标		团队规模形成期需要统一思想，保持愿景目标的一致性和认同感
流程	共信	共信是共识、共创的基础，开放的心态是共信的基础。分享自己内心的想法，增进彼此的了解，建立安全感，让每个人都敢于表达自己的想法。由此设计了以下活动或问题： 1. 介绍自己的入职经历、星座、兴趣爱好等 2. 上一次在做什么事情时，我感觉到了巨大的喜悦和成就感 3. 我最独特的能力和天赋是什么，在哪些事情上我比任何人都擅长 4. 我可以用自己的特长帮助到其他人吗 5. 我可以为团队做出什么样的独特贡献
	共识	团队成员充分讨论对愿景目标的想法，最终达成一致 1. 我们是谁：我们团队为什么而存在 2. 我们在哪儿：我们团队现在的样子是什么 3. 我们要去哪儿：未来的目标、方向以及成功的样子是什么
	共创	1. 先由每个人讲述自己心中的团队愿景，再基于个人愿景绘制团队愿景图 2. 通过共创团队愿景，合理分解任务目标，将目标与工作任务结合起来，形成工作目标表，写入行动方案，固化为团队的行动规则

"小团，就按照刚才我给你讲的马上去准备吧，记得给大家发一个邀请邮件。"陈北北显得有些兴奋，她决定明天带自己的团队做一次"团队愿景引导工作坊"，所以让张小团抓紧时间去准备明天会用到的场地和物料。

翌日，老滴和阿度并肩走进会议室，怔了至少有3秒，感受到扑面而来温馨的场域。门口张贴着一张"Welcome to 团队共创工作坊"的海报，接着是人脸签到板，旁边是手绘入场调研表，表头分别是入职经历、星座、兴趣爱好、天赋等。陈北北团队四人在笑声中完成了填写。会议室正中，四张桌子拼成正方形，墙上挂上了蓝色的引导布，桌角立着一瓶未开的香槟。

在轻松愉快的氛围中，陈北北作为本次工作坊的引导师，开启了自己的团队愿景引导工作坊。

第一步，建立共信：工作坊规则共识及成员介绍。在白板纸上跟大家一起制定工作坊的规则，提醒大家共同遵守。例如：分享自己的经验并对他人意见保持中立；多使用"是的，而且……"话术，先肯定再补充。接下来，团队成员轮流自我介绍：自己的入职经历、星座、兴趣爱好、个人成就、天赋，以及可以为他人和团队做出什么贡献。

第二步，建立共识。大家用卡片式头脑风暴的形式迅速书写着，我们是谁：我们团队为什么而存在？我们在哪儿：我们团队现在的样子是什么？我们要去哪儿：未来的目标、方向以及成功的样子是什么？

第三步，开启共创：书写愿景卡片。根据前面分享的内容，再结合自己的理解，每人按照要求，书写5张以上团队愿景关键词或短语卡片。

愿景要求如下。

1. 可想象：一幅描述美好未来的图景。

2. 可达到：目标具体、可实现。

3. 有吸引力：让人愿意为之努力。

4.具有灵活性：愿景能够适应环境变化。

5.易传播：几句话就能阐明。

卡片上墙并分类。根据卡片内容，将相同类型的卡片摆成一列，拿掉重复的卡片。陈北北带领大家汇总卡片的同类内容，将汇总共识写在愿景树上。

做完以上三步，还没有结束。陈北北专门设计了最后一个环节：制定优先目标清单。愿景必须伴随着一系列可掌控的优先目标，坚持完成这些优先目标，团队才能实现愿景。

本次团队愿景引导工作坊，以一张四人开香槟的照片画上了圆满句号。陈北北知道团队愿景的重要性，它会成为团队成员行动的指引，然而，最让陈北北激动的是，在本次工作坊中收集上来的所有愿景卡片，没有一张是跟金钱有关的。因为陈北北知道，如果一个团队的愿景是金钱至上，那么这个团队往往会筋疲力尽，最终丧失工作热情。

融会贯通

1. 愿景就是一幅描述美好未来的图景。

2. 愿景会成为行动的指引。

3. 愿景要求：可想象、可达到、有吸引力、具有灵活性、易传播。

4. 管理者必须积极将愿景和优先要务传达给团队成员，并坚持完成优先要务。

5. 如果一个团队的愿景是金钱至上，那么这个团队往往会筋疲力尽，最终丧失工作热情。

一句千金

愿景是一个有号召力的目标。

通过构筑愿景塑造未来，

点燃追随者的想象和情感，

继而授权他人采取行动。

团队协同——释放团队最大的能量

陈北北很享受现在的工作状态，欣赏团队的每一个人。这段时间的努力没有白费，团队三人个个士气高涨。心情大好的陈北北，决定送团队成员每人一份礼物。

礼物送达的效率也是极高的，当天，老滴、阿度、张小团三人同时收到了一封邮件——一份 DISC 行为风格测评。陈北北给三人各买了一份测评，通过这份测评，可以帮助三人发现自己人际互动中的行为风格、优势及盲区，并迅速、有效地判断团队成员之间的沟通风格偏好，从而更加深入地了解彼此。这也是陈北北送大家 DISC 测评的主要目的。

"北北姐，我是 I 型，你是什么类型呀？" 张小团完成测评之后特别兴奋。

看到三人都拿到了测评报告，陈北北也显得有些迫不及待，想看看自己对大家的估测和正式测评结果是否一致。她本身就是 DISC 的认证讲师，今天也正好可以借着给大家解读报告的机会，教教大家如何使用 DISC 这个工具。

不出陈北北所料，老滴是 C 型（严谨型），阿度是 S 型（沉稳型），张小团是 I 型（影响型），陈北北自己则是 D 型（掌控型）。陈北北深入浅出地为三人详细解读了测评报告，并教大家使用 DISC 的方法。为了便于三人记忆，简单总结了 D、I、S、C 四种行为风格类型的含义。

D（Dominance）型：掌控型，关注事，行动比较快，目标明确，关注结果；

I（Influence）型：影响型，关注人，行动比较快，善于调节氛围，风趣幽默；

S（Steadiness）型：沉稳型，关注人，行动比较慢，乐于配合，善于倾听；

C（Conscientiousness）型：严谨型，关注事，行动比较慢，思维严谨，追求卓越。

"老大，DISC 对于咱们的工作有什么帮助呀？"阿度问道。

陈北北说："行为风格无好坏之分，通过 DISC，我们可以更加充分地了解彼此，了解到每个人行为风格的不同，从而在工作中最大限度地发挥每个人的强项，达到团队成员 1+1＞2 的合作效果。"陈北北说的没错，只有充分了解下属，领导者才可以做到知人善任，人尽其才（见表 2-2）。而下属了解到自己的擅长领域和强项，也能更好地发挥自己的能力，并形成一种动力，进而提高整个团队的生产力。

表 2-2　针对 DISC 四种类型员工的沟通建议和激励手段

类型	与其沟通的建议	匹配激励手段
掌控型 （代表：陈北北）	沟通简明、扼要、直奔主题 给予选择权和一定的自主性 谈论战略、目标、解决办法、行动计划之类的宏观话题 指出你将如何帮助他们达成目标	时刻支持他们的目标，赞扬他们的效率 尽量少干预，给更多的自主权 让他们做一些富有挑战性的事情 让他们自己先找出完成工作及解决问题的方法
影响型 （代表：张小团）	表达尽量口语化、灵活、幽默，营造轻松的氛围 少说多听，给他们时间说话，并对其给予关注和兴趣	提供愉悦的工作环境 多鼓励，多认同，让他们感受到重视和尊重 给他们提供充分的和他人分享感受的机会
沉稳型 （代表：阿度）	力求营造友善的环境氛围 讲话时放慢语速，面带微笑，亲切友好 讨论问题时要涉及人的因素 肯定其对集体的重要性	提供稳定的工作氛围 支持他们的工作，对于他们的认真态度和敬业精神给予肯定和鼓励 多关心工作以外的事，如家里的情况等
严谨型 （代表：老滴）	他们喜欢按程序办事，所以沟通前最好有书面通知或者提前预约，并将议题罗列出来，并配以数据、图表、符号、附件说明等 保证信息的正确性 展示可靠性，重视高标准	请给出明确的、透明的规则和指示，按规章办事 赋予权力的时候，一定匹配清晰的职责和结构 对其专业性给予尊重和认可 任务流程尽量准确，不要变动，如果有变动要提前告知

"今天周五，下班后大家有没有空？咱们聚一聚，也放松放松。"陈北北显然心情不错。

"有空有空，跟着北北姐有肉吃！""好呀，聚聚聚。""那我赶紧干活去了，今天准时下班，哈哈。"三人分别答道。

陈北北很早就有一个想法，一直在找机会实施，看来今天可以行动了。

晚上 9 点，KTV。包厢桌上的酒喝过了大半，陈北北点了下静音，房间里瞬间安静了下来。"中场休息，我们开个裸心会吧。"陈北北说道。就这样，在一个感性的氛围中，陈北北团队的第一次裸心会开始了。

一切都在按照陈北北的预期发展，毕竟这次裸心会她提早做足了准备。陈北北总结，裸心会是以真诚为核心，以赋予对方力量为前提，以共识、共创为目的的开放、坦诚的沟通。它不是催泪会，更不是"批斗会"，而是彼此内心最深处灵魂的触碰。为此，今天的裸心会，陈北北设计了五个环节。

1. 提早准备好话题：个人优劣势和团队协作。

2. 团建活动——KTV唱歌。通过集体性的活动，提前激活状态。

3. 营造氛围。喝酒助兴，营造感性氛围。

4. 倾听，观察。做好观察员，引导大家倾听和分享。

5. 流程主线：过去，现在，未来。

在陈北北走心的引导下，裸心会进行得非常顺利，每个人都很自然地打开了自己的内心，把心里最真实的想法说了出来。

现在，陈北北知道自己终于达成了那个目的，就是建立团队默契。一个人的思考方式来自他过去的经验，而这个思考方式又决定了他现在和未来的行为。深入了解一个人的思考方式和行为模式，才能更好地与其合作，建立团队默契，进而实现团队协同，释放团队最大的能量。

融会贯通

1. 最大限度地发挥每个成员的强项，使 1+1>2。

2. 知人善任，人尽其才。下属了解到自己的擅长领域和强项，就能更好地发挥自己的能力，并形成一种动力，进而提高整个团队的生产力。

3. 裸心会是以真诚为核心，以赋予对方力量为前提，以共识、共创为目的的开放、坦诚的沟通。它不是催泪会，更不是批斗会，而是彼此内心最深处灵魂的触碰。

4. 深入了解一个人的思考方式和行为模式，才能更好地与其合作，建立团队默契。

一句千金

过去以自己习惯的风格去跟他人沟通，

现在适应对方的沟通风格；

过去喜欢和性格相同的人相处，

现在开始欣赏和自己性格不同的人。

每当看到自己团队的时候，你首先会想到什么？

相信每个人都会有自己不同的想法。

先说我吧，我嘛，总是首先会憧憬。

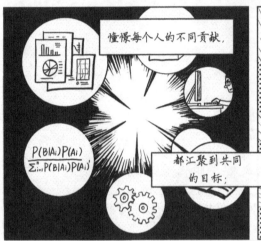

憧憬每个人的不同贡献，

$$\frac{P(B|A_i)P(A_i)}{\sum_{i=1}^{n}P(B|A_i)P(A_i)}$$

都汇聚到共同的目标；

每个人自主的努力，

都融合为共同的力量。

其实嘛，这不算憧憬，而是我正在努力做的事情，叫作"目标管理"。

Management by Objectives

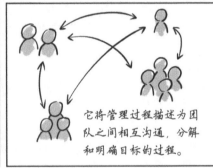

它将管理过程描述为团队之间相互沟通，分解和明确目标的过程。

Management **by** Objectives

注意这里的"by"！
目标管理不是管理"目标"本身哦。

为了便于理解，应该把目标管理叫作"通过目标进行管理"。

"目标管理"是一套方法论。

那么，作为方法论，

它自己的目标是什么呢？

第一，给团队构建出目标共识，这种对目标的共识不会因不同的视角而产生偏差。

第二，让团队成员实现自我驱动，自然形成正确的人做正确的事的状态。

先来看看目标共识，它可不是一个独立的目标，

而是由好多目标组成的目标体系。

从顶层向底层不断分解目标，把最高战略目标展开，形成各层的可执行任务列表。

每一个可执行任务，同时也是下一层的战略目标。

另外，定义的目标要独立，别出现多人的目标存在交集的情况，

否则，就会出现三个和尚没水喝的现象。

从战略目标到任务列表的过程中，可以使用 SMART 法则让目标足够清晰。

就这？层层分解目标而已？如果只是这么简单的话，就太令人失望了。

所以嘛，当然不会只是这么简单了！层层分解，只是自上向下的过程而已。

还有自下向上的自我驱动呢！

设想一下，如果每个人的目标，都是靠上层制定好后分发下来的，

那么，上层怎么知道我喜欢做什么？

怕是也不清楚我擅长怎么做。

反正这样给的任务很难驱动我。

实现自我驱动，需要给个人更大的自由度，让他们开心快乐地去工作。

这就需要在目标分解的过程中引入对下级组织和人员的细致考量。

举个例子，如果目标是到达罗马，那么道路有很多条，交通工具也有很多种，该怎么办呢？

我不能一次飞行超过6个小时，而且绝对不能坐船。

我只是不喜欢坐大巴，飞行多久都没问题，海轮航行也没问题。

什么交通工具我都行，但是我必须先路过慕尼黑。

天啊，这简直是道奥数题！

分解这一目标时，就要先看团队有哪些资源和能力。

是步行、驾车，还是飞行？是否需要分组行动，最终会合？

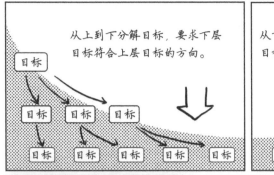
从上到下分解目标，要求下层目标符合上层目标的方向。

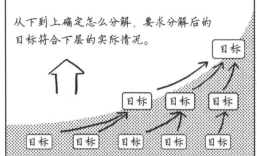
从下到上确定怎么分解，要求分解后的目标符合下层的实际情况。

在这个上下互通的过程中有几类常见错误。

第一：想当然地定目标，而不是基于理解公司战略。这是从上到下的过程中目标分解出现偏差了。

第二：靠压力分派目标，而不是靠知人善任。这是舍弃了从下到上的过程，领导"一言堂"。

第三：靠赌运气来完成目标，而不是靠自我驱动。这是对组织和团队分析不够，分解的目标很难保证完成。

3、2、1······开！

希望上面这些错误我不要犯。

我得把工作目标和团队人员这两方面的情况再仔细盘点盘点。

哦，对了，这不是我一个人的事情，而是要大家一起来做的事情哦。

夏信

03 第三章
管理下属

招聘——不求最好，只求合适

小满至，炎夏始。时至于此，小得盈满。

周一早上，经理例会结束，陈北北满面春光地回到自己的工位上。

"告诉大家一个好消息！我们团队增加了一个应届生名额！"陈北北对团队三人说道。

"哇，老大咱招个漂亮妹子吧。""那不行，得招个帅哥。""抓紧招起来，早入职早帮大伙分担重任。"听说有新人加入，大家七嘴八舌地讨论起来。

陈北北马上约了负责招聘的同事一起吃午饭，向人家请教公司招聘流程和招聘技巧，一顿饭直接吃到了下午上班时间。对于陈北北来说，这是一次非常有价值的沟通，招人并没有想象的那么简单。午饭过后，陈北北决定双管齐下，除了向负责招聘的团队提招聘需求之外，自己这边也在各大招聘平台发布招聘信息。

这次招聘应届生的事情，陈北北让老滴跟自己一块完成，两个人专门做了一次讨论，得出不强求招最好的人，只招最合适的人的结论。他们认为最好的人是培养出来的。招聘首先要做的是撰写文案，陈北北把现下的岗位胜任力模型发给老滴参考，因为是招聘应届生，所以要参考胜任力模型中的初级阶段。

不到一周的时间，他们就收到了近百份简历。经过老滴的筛选和初步面试，最后到陈北北这里的还有十几位候选人。陈北北为了加快效率，同时避免自己挑花眼，重点考察四条胜任力标准。

1. 团队合作。主动与同事分享有用的信息和资源；愿意与他人合作，支持团队的决定。

2. 好奇心。对新理论、新方法等保持开放的态度，并将其与自己的工作联系起来进行思考；不断对现有事物提出疑问，挑战传统的工作方法和思维方式。

3. 沟通影响力。清晰地表达自己的想法，并确认对方能够理解，引用具体例子或数据等进行说服和影响。

4. 学习力。遇到新事物，先看看别人怎么做，善于从他人身上汲取经验教训；主动在内外部寻求他人的反馈，以求进一步学习和改进；积极寻求各种学习机会和学习方式。

按照这四条标准，陈北北再次筛选简历和面试人选，最终顺利找到了自己想要的人。他叫杨小易，今年刚刚从美国一所常青藤大学毕业。在这个过程中，陈北北也遇到了点小意外，优秀的人肯定不止被一个人看上，杨小易手上已经拿到了三家大公司的 offer。陈北北深知打铁要趁热，马上邀请杨小易参加团队本周的团建，让他提前感受团队的氛围，并承诺将来入职以后，自己会亲自带他，希望他好好考虑。

得人先得心，两天后陈北北收到了杨小易的回复，表示愿意接受offer。陈北北心里的一块石头总算落了下来。回顾整个招聘流程，陈北北发现在面试阶段，自己似乎有些操之过急。陈北北的感觉是对的，她确实出现了失误，她没有用结构化面试当中非常重要的一个工具——STAR原则。其中：

S 指的是情景（Situation）。陈北北应当要求候选人描述学校或过往实习期间曾经做过的某件重要事情的背景情况，并将其作为考评的内容。

T 指的是任务（Task）。陈北北需要考察候选人在那件重要事情中所执行的任务与所扮演的角色，从而考察候选人是否真实地在其所描述的职位任职，以及其是否具备相应的能力。

A 指的是行动（Action），即需要考察候选人在其所描述的任务中所担任的角色是如何操作与执行任务的。

R 指的是结果（Result），即需要考察候选人在任务中行动后所达到的效果和最终结果。

整个招聘面试，陈北北本应当运用 STAR 原则，通过候选人过去的行为来预测未来的行为，从而招聘到合适的人充实到团队中，让合适的人在合适的岗位上创造高绩效。陈北北没有料到的是，正是本次招聘中的这个疏漏，为她后续的管理工作埋下了隐患。

融会贯通

1. 不强求最好的人，只招聘最合适的人。最好的人是培养出来的。

2. 招聘要求：根据公司岗位胜任力要求，全面准确理解岗位职责、发展路径以及岗位所需的技能与素质，做好面试准备。

3. 招人标准：胜任力模型是个奢侈品，核心是怎么使用，评级标准是 STAR 原则。胜任力模型必须量化分级，不同岗位对应不同层级的胜任力描述。

4. STAR 面试工具，通过候选人过去的行为预测未来的表现。

S 指的是情景（Situation），即应当要求候选人描述过往在岗期间，曾经做过的某件重要事情的背景情况，并将其作为考评的内容。

T 指的是任务（Task），即需要考察候选人在那件重要事情中所执行的任务与所扮演的角色，从而考察候选人是否真实地在其所描述的职位任职，以及其是否具备相应的能力。

A 指的是行动（Action），即需要考察候选人在其所描述的任务当中所担任的角色是如何操作与执行任务的。

R 指的是结果（Result），即需要考察候选人在任务中行动后所达到的效果和最终结果。

一句千金

请神容易送神难，

宁愿招聘时投入大量精力进行多轮多维度面试，

也不要太快做决策，否则后患无穷。

员工辅导——转身成为教练

陈北北一直有走动式管理（management by walking around）的习惯，早上一到公司就在各个工位间走走，和大家打招呼，看看大家的精气神，掌握大家的工作状态。走动式管理的本质，是指管理者应该把管理工作放在平时。也许一边聊天，一边就把沟通和业绩反馈工作做了；在员工午餐、散步期间主动凑过去聊天，就把指导和辅导工作做了。

特别是现在的年轻人，要是正正经经地跟他们讲道理，他们还真不一定听得进去。今天陈北北倒水时刚好碰到了新入职的杨小易，便抓着杨小易闲聊起来，这不聊还好，一聊，陈北北就发现了问题。本来陈北北就想简单问问杨小易入职一周的感受和工作状态，再给他几句鼓励，却感觉到杨小易似乎有些许抱怨和不满。刚入职就有情绪，这可不对劲，陈北北决定找个机会好好给杨小易做一次辅导。

杨小易入职之后，陈北北让张小团先带着杨小易熟悉公司和团队的情况，然后再亲自带他。所以陈北北要先去找张小团了解杨小易这段时间的表现，张小团表示一切正常，陈北北让张小团再好好想想，张小团才说道："那就是我总感觉小易不太想干我交给他的工作，好像嫌那些工作不够高端似的。"

"那问题找到了。"陈北北眉头微皱。

如果是团队其他人出了问题，陈北北或许会直接沟通，因为陈北北对每个人都很了解。不过，这次是杨小易出了问题，再加上是这种原因，如果直接进行沟通和指导，效果还真不一定好。如果员工根本没觉得这是他自己应该解决的问题，那么领导给予的建议对他来说就是错的，甚至会觉得领导是站着说话不腰疼，只会指手画脚。

怎么做既能帮到杨小易，又不让杨小易反感呢？有没有让员工觉得领导是真心支持他们的工具呢？还真让陈北北找到了，就是 GROW 辅导。先说 GROW 模型，它是辅导中的一个沟通工具，G 即目标（Goal），R 即现实（Reality），O 即选择（Options），W 即意愿（Will）。

GROW 辅导的关键原则是提升自我认知和建立自我责任感，所以陈北北在这次辅导中是作为教练角色，而不是领导者角色。而教练存在的前提是相信人的潜能，相信只要调动员工的潜能，员工就将获得成功。

怎样才能做好教练呢？答案是：当教练开始帮对方思考问题的解决方案时，教练就已经失败了。这样做会让对方停止思考，更不会去想如何解决问题。所以，正确的做法应当是教练有力地提问，而被问的人绞尽脑汁地想解决方案，大家都在既有的框架中提问及回应。

下面是陈北北整理的 GROW 辅导提问清单。

第一步（Goal）：目标设定的问题

小易，你现在的目标是什么？

你什么时候需要达到这个目标？

实现这个目标对你意味着什么？如果真的实现了，你会看到什么，听到什么，感觉到什么？为什么这个目标对你重要？

第二步（Reality）：关于现状的问题

目前的状况怎么样？

你对此感觉怎么样？

这对你的工作有影响吗？

你都做了些什么去实现目标？

你做了什么阻碍你实现目标？

和你有关的原因有哪些？

其他相关的因素有哪些？

你现在有什么资源？

你还需要什么资源？

你现在的计划是什么？

你都试着采取过哪些行动？

第三步（Options）：你有哪些选择

为改变目前的情况，你能做什么？

你现在有什么想法？

可供选择的方法有哪些？

以过去的经验来看，你觉得什么是可行的？

这件事谁能帮你？

你能在哪里找到有用的信息？

你还能做什么？

哪一种方案你觉得最可行？

这些方案的优缺点是什么？

你觉得还有什么更好的选择吗？

调整哪个指标可以提高行动的可能性？

第四步（Will）：你将会做什么

你要做什么？

最好的时机是什么时候？

在做之前，你需要考虑些什么？

可能遇到的障碍是什么？

你需要什么支持？

谁能帮到你？

你怎么衡量成功？

你会做什么来确保这一切？

准备好上面这份大脑中的清单之后，陈北北开始根据现场的沟通情况和反馈效果行云流水地问杨小易，四组问题问完之后，杨小易豁然开朗，清楚自己应该怎么做了。陈北北再一次感受到什么叫作强有力的提问和引导员工向自己内心探寻，果然解铃还须系铃人。

经过这次 GROW 辅导，陈北北发现把随口给别人建议的习惯改成多问强有力的问题，就是迈出成为教练的第一步。

1. 走动式管理的本质，是指管理者应该把管理工作放在平时。
2. 如果员工根本没觉得这是他自己应该解决的问题，那么领导给予员工的指点和建议收效就不大。
3. GROW 辅导的关键原则是：提升自我认知和建立自我责任感。
4. 教练应当是问强有力的问题，而被问的人向自己内心深处探寻解决方案。

一句千金

成为教练式管理者，让员工产生被唤醒的觉察，

激发员工不断自我认知与探寻内在动力，

释放员工的巨大潜能。

有效授权——授与收的艺术

端午假期将至，陈北北给团队四人送了自己亲手包的粽子，一笼香粽，一缕情。陈北北心里默默想着，趁着不忙碌的时候，有必要再梳理一遍团队工作和人员安排。虽然当前团队规模不大，属于部门形成期，但看着团队逐渐壮大，团队成员们士气高涨的样子，陈北北对这段时间付出的努力深感欣慰。陈北北回想刚上任那会儿，团队的所有事情自己都大包大揽，要不是室友赵小陌的提醒，自己差点累垮。在这期间，陈北北慢慢学会了一个技能——有效授权。

什么是授权？即将权力委派给别人以完成特定的工作，它允许被授权人做出决策。对于团队，授权可以提升工作绩效和士气；对于管理者，有效授权可以腾出更多时间来做策略性的思考；对于员工，授权可以让他们学习新的技巧和专长，并有机会发展能力。李大为说过："最好的主管不仅能找到合适的人才来做好计划的工作，而且还能克制自己，在过程中不横加干涉。"要想团队高速运转，有效授权是管理者必须学会的。

陈北北一直有意识地在团队内实践授权，通过不时地向李大为请教和自己反复印证，现在对如何有效授权颇有心得。

首先，授权要因人而异。根据能力和意愿的不同，可以分成四种情况（见图3-1），对于高意愿、低能力的热情初学者，要将工作分解，多指导，"我说你做"；对于低意愿、低能力的憧憬幻灭学习者，要进行教练式辅导，多指导、多支持，"你问我答"；对于高能力、低意愿的能干谨慎执行者，要多支持鼓励，"你说我听"；对于高能力、高意愿的独立自主完成者，要多授权，给他们更大的空间，"你做我赞"。

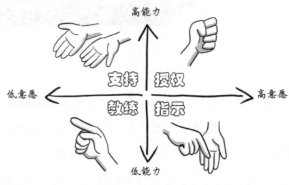

图 3-1　员工能力意愿象限

针对自己团队的实际情况，陈北北根据员工能力/意愿象限，将自己的团队成员分成三类：新员工、熟练型员工、成熟型员工。

新员工：适当给予表现机会，重点是培养其工作习惯。

熟练型员工：需要先帮助其建立信心，再授权。

成熟型员工：可以大胆授权，让其定期汇报。

老滴属于成熟型员工，阿度属于熟练型员工，张小团和杨小易属于新员工，所以在指导与支持的程度上，各有不同。

做好员工的评估分类之后，接下来是充分授权，适度授责。授权不代表做甩手掌柜，什么都不管。正确的方式应该是"扶上马，送一程"。在授权后，工作仍然要掌握在授权人的可控范围内。授权不等于授责，授权人仍需要监管被授权的员工，同时还要能包容员工在授权期间出现错误。下属初次独立完成工作，失败和犯错是难免的，授权人应当积极对犯错的后果承担责任，这样才能最大限度地提升下属的工作热情和积极性，提升团队工作效率。

最后，在授权后，授权者还需要及时跟进，包括工作任务上的跟进和对员工个人的跟进。

对工作的跟进：工作目标、工作进度、预防和纠错、调整和协调。

对员工的跟进：鼓励，营造主人翁意识；正向曝光，提升工作热情；及时表扬和反馈。同时记住，不是用情绪和态度影响下属，而是用行动影响下属。

特别需要注意的是，员工在授权期间，往往会认为寻求帮助可能会被视为无能的表现，所以授权人应当有意识地跟进，控制工作的整个发展进程。

在充分实践有效授权之后，陈北北不仅自己的时间管理做得更好了，在总结出授权的方法论之后，对团队成员的授权也逐步从放手发展到了放心。

融会贯通

1. 有效授权的实质是将权力委派给别人以完成特定的工作，它允许下属做出决策。

2. 最好的主管懂得找到合适的人才来做好计划的工作，而且还能克制自己，在过程中不横加干涉。

3. 授权要因人而异。对于高能力、高意愿的人，要多授权；对于高能力、低意愿的人，要多支持和鼓励，在他们的意愿提高之后再授权。

4. 适当授权，合理授责。授权不代表做甩手掌柜，什么都不管。正确的方式应该是"扶上马，送一程"。

5. 授权后，授权者还需要及时跟进，包括工作任务上的跟进和对员工个人的跟进。

一句千金

基于员工的能力和意愿匹配授权程度，

适度担责，收授自如，把持有度。

留住人才——其实不想走

端午假期结束后上班的第一天，阿度找到陈北北，说希望单独跟陈北北聊一聊，然后他就提出了离职。在阿度说出口的那一刻，陈北北大脑一片空白，缓了有一分钟，才从震惊的情绪里走出来。这是她完全没有想到的，更不要说提前察觉。在刚才的现场，陈北北深知自己没有办法当场给出令双方都满意的处理方式，于是她坦诚地跟阿度说明了这个原因，希望阿度给她一点时间，下午她会找阿度好好谈谈。

陈北北之所以坦诚地告诉阿度自己需要时间好好想一想，是因为她知道，在阿度提出离职的时候，她应当第一时间放下手头的所有事情，优先与阿度沟通，否则会让阿度感到不受重视，强化他离职的想法。陈北北希望给自己留出一点时间，好好考虑如何留下自己这位爱将。陈北北非常清楚，每一个提出离职的人，一定在夜深人静的时候把离职时的沟通演练过不知多少遍。面对这样一场大战，没有太多经验的陈北北确实需要一点时间。

陈北北利用中午的时间，好好梳理了这次"留任面谈"的主要思路，希望尽可能让阿度留下来，如果实在留不住人，也要处理好他的情绪和心态，留住心。

在下午的沟通中，陈北北本着不争辩、不说教、不生气的姿态，走出了漂亮的三步。

第一步，陈北北先穷尽了阿度的离职原因。陈北北知道，阿度准备好的理由未必是真实理由，所以她不急于给出建议，只是追问："除了这个原因，还有其他原因吗？"其实员工离职的理由通常无非三类：薪酬问题、职业发展问题、个人情绪问题。马云也说过，员工离职的原因，只有两点最真实：①钱没给到位；②心委屈了。

阿度很快进入了畅所欲言的状态，这也让陈北北找出了阿度想要离职的真实原因：阿度觉得自己在团队里没有存在感，也不受重视，找不到自己的价值。用阿度的话说就是，"比不上老的（老滴）专业，也没小的（张小团）讨人喜欢"。

第二步，陈北北问阿度："是不是解决了这个问题，就不考虑离职了？"其实每一次谈离职，都是帮助下属梳理职业规划和找到解决方案的过程。陈北北把话题慢慢地引导到了阿度的职业规划上。

第三步，陈北北提出了自己的方案，帮助阿度顺利地打开了心结。

其实在真正了解了下属的需求之后，沟通就会变得简单，结果一般会有以下三种情况。

1. 经过梳理和解释，下属有了清晰的判断，自己决定留下。

2. 目前公司能满足的需求比不上其他公司给出的条件，需要向上汇报，去跟公司争取。

3. 用了所有方法，还是留不下来，就留心不留人，好聚好散，交接好工作，将损失降到最低。

阿度就属于第一种。另外需要特别注意的是，留任面谈不是一次性的，应该成为管理者的一种习惯，当员工感受到管理者的诚意和认可越强烈，员工的心就越稳定。

阿度这次的事件，给陈北北敲响了警钟：在日常工作中，关注下属的状态十分重要。未雨绸缪，于是陈北北给自己定制了"预防优秀员工离职四部曲"。

1. 了解员工多方面的信息。了解员工的团队位置、市场位置、人际关系、家庭背景等，提前消除可能会遇到的沟通障碍，多进行正向激励。

2.提早给员工做职业规划。给员工做职业规划不能画大饼，要结合实际，让员工认清自己的发展方向，让他清楚在现在的岗位上有很大的发展空间，脚踏实地才是现阶段的正确选择。

3.物质激励和精神激励双管齐下。当员工达到晋升要求或超预期完成绩效时，该晋升的要晋升，该加薪的要加薪。在精神激励方面，注意要充分了解员工的需求，按真实需求给予表扬与鼓励，如果员工渴求荣誉，就当众表扬；如果员工渴求自我实现，就适当授权。

4.给员工制造存在感。看见并肯定员工的付出和成就，让员工被看见，提升其存在感和认同感。创造优秀员工和高层接触的机会，既是沟通，也是激励。

融会贯通

1.当优秀员工提出离职时，管理者应该马上放下手头的事情，第一时间给予关注并沟通。

2.留不住人就留心，真诚地站在他的角度考虑，看看能帮到他什么。

3.进行留任面谈时，不争辩、不说教、不生气。

4.留任面谈三步走：

（1）穷尽离职原因，可以追问"除了这个原因，还有其他原因吗"。提出离职的员工通常都愿意倾吐真言，能帮管理者发现问题。

（2）判断下属离职的主要原因，然后追问"是不是解决了这个问题，就不离职了"。每一次谈离职，都是帮助下属梳理职业规划和找到解决方案的过程。

（3）提出自己的建设性方案。

5. 预防优秀员工离职四部曲：

（1）了解员工多方面的信息。

（2）提早给员工做职业规划。

（3）物质激励和精神激励双管齐下。

（4）给员工制造存在感。

一句千金

激励与留才驱动因子：

让员工参与有意义的工作；

营造积极的人际关系和工作环境；

让员工得到发展，并及时获得认可。

学会开人——请不合适的人离开

5月20日，是一个甜蜜的日子，也是管理者和员工关系加分的好时机。下午茶时间，陈北北给团队每人买了一杯"简单爱"牌酸奶，寓意真挚的伙伴情简简单单、0添加。不过，在这暖心的日子里陈北北却有些苦恼，刚刚又接到了一起来自合作部门团队经理的投诉。新人杨小易加入团队已经1个多月了，这1个多月来麻烦不断，不仅在团队内人气不佳，还经常收到合作部门的投诉。虽然多数不是大问题，但是每一个问题都跟杨小易有关。

最令陈北北无奈的是，她已经找杨小易沟通了多次，但是目前看来，杨小易毫无转变，依旧我行我素，并且经常在团队内部制造负面言论。经过这段时间的相处和了解，陈北北对工作中的杨小易有了一个客观的评价：胸怀鸿鹄之志，手无缚鸡之力。

陈北北意识到这不是件小事，决定找李大为聊一聊。李大为给的建议是：对末位员工的容忍，是对优秀员工的不公。

李大为告诉陈北北，一个好的管理者不仅要能招到好的人，也要能开掉不好的人。解雇员工对于陈北北来说是一次考试，考验她解雇的理由能不能让员工心服口服，考验她面对员工的情绪时，能否处理得当。同时，陈北北还需要接受心态和行动上的考验。

心态上，陈北北要明白早点让不合适的员工离开，对双方都是好事。

行动上，"劝退"不应该只是最后一刻的离职面谈，而应该在每一次和员工沟通业绩和个人表现时，都需要非常具体地指出员工能力和态度上的不足。正常人如果被频繁地指出问题和不足，一般就会主动离开，而对于另一些"顽固分子"，就需要管理者果断挑明。

陈北北继续向李大为请教，在李大为的引导下，陈北北整理出了解雇员工的四种错误和三个准备。

处理解雇问题的四种错误：

1. 毫无准备，匆忙行动。正确的做法是，行动之前要提早考虑到这次事件对公司、对部门其他同事、对员工本人的影响。

2. 不够坦诚，造成误会。努力做到坦诚沟通，做好交接，握手话别。

3. 拖得太久，不够果断。持续拖延对于双方都是煎熬，还会影响整个部门的工作氛围。

4. 脱离实际，轻易承诺。尽量不要承诺可以帮员工找到新的工作，或承诺为员工争取赔偿。

离职面谈前的三个准备：

1. 让下属提前思考，当前的工作目标是什么，达成程度如何。

2. 跟自己的上级沟通，获取上级的认可和授权。

3. 找到人力资源部，了解相关的公司规章制度和法律法规。

经过李大为的辅导，陈北北终于下定了决心。她跟杨小易的离职面谈分为两个部分，第一个部分是针对杨小易入职一个多月的表现，两人做了客观的梳理。陈北北也表明了自己的态度，可以概括为下面三句话。

如果你有能力，请拿出来。

如果你有态度，请让我看到。

如果你既缺少能力又没有态度，不好意思，我只能请你离开。

离职面谈的第二个部分是陈北北引导杨小易寻找解决方案。最终，陈北北跟杨小易达成共识，给杨小易一段时间的过渡期，去看看外面的机会。杨小易没想到这次让他有些畏惧的沟通居然能够达成这样的结果，不仅没有之前的恼怒，反而对陈北北表示感谢。一周之后，杨小易就找到了新的工作。

杨小易走后，陈北北不禁有些感叹，毕竟人是自己亲手招进来的，也是自己亲自送走的。总结经验，陈北北在笔记本上写道："招聘要慢，解雇要快。"

融会贯通

1. 对末位员工的容忍，是对优秀员工的不公。

2. 对于管理者，解雇员工是一场考试。心态上，管理者要明白早点让不合适的员工离开，对双方都是好事。行动上，"劝退"不应该只是最后一刻的离职面谈，而应该在每一次和下属沟通业绩和个人表现时，都需要非常具体地指出下属能力和态度上的不足。

3. 处理解雇问题的四种错误：毫无准备，匆忙行动；不够坦诚，造成误会；拖得太久，不够果断；脱离实际，轻易承诺。

4. 进行离职面谈前的三步准备：

（1）让下属提前思考，当前的工作目标是什么，达成程度如何。

（2）跟自己的上级沟通，获取上级的认可和授权。

（3）找到人力资源部，了解相关的公司规章制度和法律法规。

一句千金

管理者要杀伐决断：招聘要慢，解雇要快。

使众人行——信任与尊重

　　5月31日，这一天或许是陈北北最难忘的一天。早晨上班，陈北北刚走到自己的工位前，就被眼前的一幕震惊了，一大簇玫瑰在工位上正对着自己。"哇，是谁给我准备的花呀？"陈北北脱口而出。"老大，生日快乐！"张小团大喊着，蹦了出来，双手还捧着一个精心准备的大礼盒。随后老滴和阿度也走了上来，一边挥手一边说："生日快乐！"

　　原来三人今天特地赶了一个大早到公司，就是为了给陈北北一个惊喜。大清早的上演这么一出，陈北北感觉脑子有点短路，一时不知道该说些什么，眼睛都湿润了，过了好一会儿，才讲道："今天我请大家吃饭！"

　　"老大，这你就别操心了，今天是一条龙服务，我们已经订好了位子，中午给您老祝寿。主要也是考虑到，万一你晚上有什么安排，我们就不自找没趣了，嘻嘻。"张小团接过话来。

　　中午一下班，三人就拽着陈北北来到提前预订好的餐厅。包厢里，菜已经上好，热气腾腾的，而且全是陈北北爱吃的菜。餐桌中间，精致的蛋糕上已经点好了蜡烛。显然，这次给陈北北庆祝生日，三人做足了准备。

　　陈北北是又哭又笑地过完了这个生日，哭是因为感动，笑也是因为感动。陈北北接手这个团队才不到半年时间，到底是什么原因让大家愿意为陈北北过这个如此"隆重"的生日？

答案是陈北北"使众人行"的努力。近半年时间里，陈北北所做的一切大家都有目共睹，她不仅仅是一名管理者，更是一名好的领导者。

领导者与管理者有什么不同？当一名管理者可以通过影响自己的下属，走进下属的内心，让下属成为自己的追随者时，他就超越了一名普通的管理者，成了一名领导者。

陈北北是如何在短短不到半年的时间里成为一名领导者的呢？关键在于陈北北做好了两件事：信任与尊重。信任与尊重是领导力的核心。

信任。不单是你要信任下属，更重要的是你要让下属信任你。下属的信任，要通过专业能力、亲和力和高尚品格赢得，高尚的品格，包括诚实、真诚、讲原则。

尊重。要想获得别人的尊重首先要尊重别人，领导者赢得下属尊重的途径是为他人增加价值。

当别人把你当人来尊重，他们崇拜你；

当别人把你当朋友来尊重，他们爱你；

当别人把你当领导来尊重，他们追随你。[⊖]

如果你坚持尊重他人，并始终如一地好好领导他们，你就会一直拥有追随者。

正是陈北北在这近半年里一直践行这两件事，并且不断帮助团队成员成长，才能如此之快地获得团队成员的追随。在你成为领导者之前，自己的成长是成功；而在你成为领导者之后，帮助他人成长才是成功。

⊖ 约翰·C 马克斯维尔. 领导力 21 法则：追随这些法则，人们就会追随你［M］. 路本福，译. 上海：文汇出版社，2017.

融会贯通

1. 当一名管理者可以通过影响自己的下属，走进下属的内心，让下属成为自己的追随者时，他就超越了一名普通的管理者，成了一名领导者。

2. 不单是你要信任下属，更重要的是你要让下属信任你。下属的信任，要通过专业能力、亲和力和高尚品格赢得。

3. 要想获得别人的尊重首先要尊重别人，领导者赢得下属尊重的途径是为他人增加价值。

4. 在你成为领导者之前，自己的成长是成功；而在你成为领导者之后，帮助他人成长才是成功。

一句千金

塑造自身人格魅力，使员工和管理者自身都取得成功；

通过建立一个基于信任、尊重的团队，

提升凝聚力，促进协作。

代际管理——点燃年轻员工

"六一"儿童节，陈北北给团队每个人买了一瓶娃哈哈 AD 钙奶，并附上一张字条"谁还不是个孩子"，放到大家的工位上。陈北北知道，在每个成年人的身体里都藏着一颗孩童的心。

午饭时间，张小团像孩子一样给大家分享在网上看到的笑话：问 60 后，什么原因会辞职，60 后说，什么叫辞职？问 70 后，70 后说，为什么要辞职？问 80 后，80 后说，有地方赚得更多，我就辞职。问 90 后，90 后说，干得不爽，我就辞职。问 00 后，00 后说，领导不听话，我就辞职。

说到这里，众人笑成一团。笑完之后，陈北北陷入了沉思，回想杨小易的离开，以及这段时间的管理工作，她觉得确实有必要好好学习代际管理。团队现在也有代际分层，每一代人的激励因素都不同，所以每一代的动力燃点也不同，显然 90 后、00 后的动力燃点会更高。那么，如何点燃年轻人呢？这是陈北北现下需要思考的问题。

每当在工作中遇到一时无法解决的问题，陈北北都会给自己读研究生时的导师打电话。到新公司有一段时间了，一忙起来好久没联系老师，陈北北决定请他吃饭，其实也想当面和老师讨论一下代际管理的思路。

这次约饭很圆满，除了叙旧之外，陈北北的问题也解决了。这次的收获总结下来是一个意识，一种心态，一个工具。

"一个意识"，即面对新生代下属，管理者如果不能让下属在工作中拥有存在感、参与感和全局观，那么管理工作是开展不好的。具体需要注意四点。

1.让下属有存在感。可以通过有效授权，让下属从"领导要我干"转变成"我要干"。

2.让下属有参与感。布置工作时不是简单地传达指令，而是要把决策权交给下属，特别是新生代下属，只要他们做到让你基本满意的程度，就应该给予鼓励。

3.游戏化管理。接受年轻人的个性和创新，培养他们对工作的兴趣。单调、重复、需要服从的工作是年轻人不愿意干的，而且很有可能给多少钱他们都不干。

4.管理者应该用友善的行动影响下属，而不是靠情绪和脸色。是你的行动让下属产生变化，而不是你的观念。

"一种心态"，即运用同理心。在实际工作中可以分为四步。

1.耐心地倾听下属的心声。学会倾听，从"以自我为中心"的情景中走出来。

2.用心听。听懂下属当前的状态，他是在抱怨、不知所措、求助，还是正在解决问题，针对不同情况，给予不同的指导。

3.尝试感同身受，进入下属的情景。帮他厘清问题、分析问题，找到解决问题的方向。

4.管理自己的预期。要结合下属的实际情况，提出匹配的要求，不能把自己的标准强加给他。

"一个工具"，即 BIC 负面反馈工具。在反馈中，不止有表扬的正面反馈，还不可避免地会有负面反馈。在进行负面反馈时，最重要的是做到"对事不对人"，面对新生代员工更是要注意。BIC 就是解决这一问题的工具，B代表行为（Behavior），I 代表影响（Impact），C 代表后果（Consequence）。

BIC 反馈的步骤如下。

第一步：准备事实。充分准备下属更容易接受的事实，想好对下属说

Behavior   Impact   Consequence
行为   影响   后果

出这些事实后可能会有的结果。

第二步：设定情景。在开场时清楚地表达谈话的主题，并避免使用评判的语言。

第三步：给予反馈。按"事实→影响→后果"的顺序一口气说完。

第四步：鼓励和倾听。鼓励下属说出原因，使用同理心倾听，并给予肯定。

第五步：商讨改变。引导下属说出正确的方法，还要让下属感觉到这个方法是他自己提出来的。

第六步：行动总结。把方法变成行动计划。

第七步：跟进计划。两周或定期回顾一次进展。

融会贯通

1. 一个意识，即面对新生代下属，管理者如果不能让下属在工作中拥有存在感、参与感和全局观，那么管理工作是开展不好的。

> 2. 一种心态，即运用同理心。
>
> 3. 一个工具，即 BIC 负面反馈工具。

一句千金

用新生代员工思维领导新生代：

语言上与之同频，行动上与之相融，

激励因子上恰到好处。

每次打开会议室门的时候，我总是幻想里面是一片和谐的沟通场景。

但现实嘛，往往不尽如人意。

如果大家每次沟通的时候

都感觉是在徒手翻越一座座高墙，

那么这样的沟通是无效的，再努力也没有用，因为方法错了。

可以借助工具吧？

就像梯子一样？

一个沟通工具？

确实有工具，而且不止一个，是一系列。

只要能帮助越过障碍，不管是爬、是蹬，还是跳，都可以。

在不同的情况下，我们要使用不同的工具。因为沟通是个复杂多变的过程。

往往是在越过一道障碍后，你才会发现还有更多的障碍，非得连滚带爬、又飞又跳才行。

沟通的场景多种多样，比如，招聘时的面试，

作为员工教练时对伙伴的辅导，

还有布置任务或者授权时的会议，

甚至还有员工打算离职时需要进行的谈判。

不同场景要使用不同的沟通工具。后面我会对它们一一进行介绍。

BIC 负面反馈工具
STAR 原则
GROW 模型

不过，不论选择哪一个，都要先使用 DISC 工具来确定沟通对象的行为风格特点。

DISC 工具

DISC 这四个字母，各自代表一种行为风格。

D 型	I 型	S 型	C 型
掌控型，如悟空，意志坚强、高效、好胜。	影响型，如八戒，乐观活泼、热情健谈。	沉稳型，如沙僧，精确严肃、关注细节。	严谨型，如唐僧，踏实可靠、助人为乐。
与掌控型性格的人沟通，要目标明确，抓住重点，不能啰里啰唆，拐弯抹角。	与影响型性格的人沟通，要多给予赞美和肯定，感受对方的感受。也就是俗话说的，他们吃软不吃硬。	与沉稳型性格的人沟通，要体现足够多的尊重，多关注细节。例如整洁的着装、斯文的语调，就会很受用。	与严谨型性格的人沟通，在沟通前要充分准备材料，掌握足够多的事实和数据。晓之以理的效果好过动之以情。

了解了 DISC 的分类后，就可以根据不同的沟通场景灵活使用沟通工具了。

BIC

对员工进行负面评价时，也就是通常说的批评时采用的工具。

STAR

在面试中，了解一个面试者时采用的结构化沟通工具。

GROW

帮助员工解决问题时，通过这种工具来厘清状况，明确方向。

进行负面评价时可使用 BIC 负面反馈工具，将要表达的内容分三部分说明。

客观陈述行为 **Behavior**　　说明行为的影响 **Impact**　　展示出产生的后果 **Consequence**

进行结构化面试时使用 STAR 原则进行交流，向面试者询问四个方面的问题。

好了，现在开始介绍一下自己吧。

Situation 情景 您是问我，在什么背景情况下？

Task 任务 扮演了什么角色？承担了什么任务？

Action 行动 做了哪些工作？具体怎么做的？

Result 结果 最终结果和效果怎么样？

对员工进行教育辅导时使用 GROW 模型，分四个步骤进行指导。

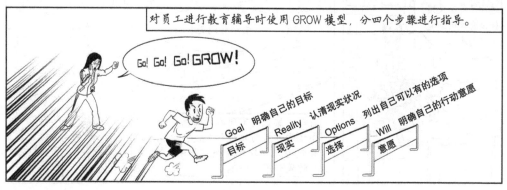

Go! Go! Go! GROW!

Goal 明确自己的目标 目标　**Reality 认清现实状况** 现实　**Options 列出自己可以有的选项** 选择　**Will 明确自己的行动意愿** 意愿

在日常工作中，涉及交流的场景太多了。

所以，咱们随便看一个例子。

嘿嘿，这个家伙迟到了！

先查查，哦，阿度是个S型性格沉稳的人。

啪

要"体现足够多的尊重，多关心细节"，同时使用BIC负面反馈工具。

阿度，今天到得有点晚，是遇到什么麻烦了吗？

今天地铁信号故障，耽误了快1个小时。

太倒霉了。

那打卡时间会显示迟到了，要影响你这个月的考勤。

不过没关系，情况特殊，我去和HR商量一下，可以豁免一次。

谢谢北北姐，也怪我没早点出门，我本知道公共交通常会这样。

下回注意就好。

看，我委婉地进行了负面反馈，轻松愉快地跨越了"高墙"。

哇，有门呢！

总之，意识到不同人的特点，并采取合适的方式与之进行交流，就能实现有效沟通，轻松跨越"高墙"，甚至有时候都不用跨越。

04 第四章
向上管理

向上汇报——提升职场能见度

陈北北刚挂了老板的沟通电话，赵小陌便问道："北北，你刚才跟谁打电话呢？感觉像你老板，但又感觉不像。"

"对呀，是我老板呀，他有点小事问我，怎么啦？"陈北北转过身说。

赵小陌说："听着你们关系很好的样子，说话那么自然，太神奇了。我每次跟我老板打电话可都是战战兢兢的，最怕接到老板的电话了。"

赵小陌拉着陈北北求分享，怎么"搞定"老板。

陈北北答道："一句话，酒香也怕巷子深。"

陈北北当然知道李大为对自己的态度，她一直在有意识地做一件事——汇报工作，老板看不见她的努力才怪。一般而言，老板很看重一件事——下属是否尊重自己，判断下属是否尊重自己的一个典型方式就是，下属是否经常向自己汇报工作。

"汇报是尊重老板的一种方式。经常向老板汇报工作，不仅能让老板感知你的态度，还能让老板有安全感，让老板对你的工作感到可控。"陈北北向赵小陌说道。

"汇报工作不是应该由老板安排吗？"赵小陌挠了挠头。

陈北北清了清嗓子，说："小陌，你要知道汇报其实是一种沟通方式，你把汇报当作沟通，就不会认为汇报只能由老板来安排了。在这项沟通中，其实还可以达成很多其他的目标。比如，汇报可以让老板看到你的努力和取得的成绩，加深老板对你的印象；还可分享彼此的期望，找出最适合彼此的合作风格；最重要的是有助于建立信任。

听到汇报工作还可以这么理解，赵小陌也变得认真起来，表示希望陈北北系统地教教她。看着赵小陌难得认真的样子，陈北北开玩笑道："我可是要收学费的。"就这样，在两个人的小屋里开始了"向上汇报"的教学。

首先，关于向上汇报的思路，需要掌握四点。

1. 了解上司的风格。

不要忘记，平时看起来充满权威感的上司也一样是人，他也有喜好、强项、弱点、信仰、家庭，只有尽可能多地去了解他，才能站在他的角度思考问题。

2. 突出重点，梳理逻辑。

（1）按照紧急、重要的先后次序，优先汇报紧急且重要的。

（2）按照老板的关心程度，先汇报与老板利益相关的、老板重点关注的。

（3）按照时间顺序，总结过去、分析现状、展望未来。

3. 简明扼要，不唠叨。

（1）学会一句话说清楚一件事，三句话总结整个汇报。

（2）分层汇报，学会用"三"，比如：三个方面、三块内容、三个点。

（3）用数据代替陈述，用数字表达更有说服力。

（4）用图表说话，将复杂数据转化为直观图表。

4. 善于倾听。

（1）提问并回应。不是只听就好，提问是为了让老板提供更多的信息。

（2）复述和总结。在老板说完一个内容之后，重复老板所说的内容，最好做一些总结。

（3）分析和思考。分析老板对自己的汇报是满意还是不满意；满意的地方在哪里，不满意的地方在哪里？

其次，向上汇报的五个步骤如下。

1. 充分准备。除了做好方案、材料、时间方面的准备，还要提前考虑好老板可能会问到的问题，不需要准备到完美无缺，但是应该提前充分准备（见表 4-1）。

表 4-1　向上汇报的内容

主题	具体内容
汇报进度	工作完成的情况
汇报需求	需要协助的地方
汇报业绩	业绩成果如何
汇报困难	遇到了哪些困难或意外
建议与规划	你的建议和想法是什么

2. 结果导向。汇报时要先汇报结果，再讲述过程。

3. 随机应变。在汇报过程中，老板难免会有情绪波动，当情况发生时你要摆正态度，先找自身的问题，安抚老板的情绪，再给出解决方案。要诀是先处理情绪，再处理问题。

4. 获取指导。虚心向老板请教工作思路、方向或方式，耐心聆听。

5. 达成共识。最终要跟老板达成共识，可以是思路上的共识，也可以是行动上的共识，如果汇报没有跟老板达成共识，相当于没有汇报。

最后，向上汇报的注意事项如下。

1. 不要越级汇报。越级汇报是职场大忌，越级就是越权。

2. 老板是享受听汇报的。不要认为主动汇报工作会打扰到老板，即使老板将工作全权委托给你，你也应该及时汇报。就算老板说"这点小事你自己搞定就行"，你也不要当真。正确的方式是说"好"，不过该汇报时还是要继续汇报。对于好消息，要及时同步；对于不好的消息，更应该越早汇报越好,以免事态更加严重。

3.选好时机和场合。根据老板一周内的时间安排,选择更容易与老板沟通的时间,比如周二或周四。一天当中,尽量不要选择上班前、饭点或下班前汇报,避免占用老板处理私事的时间。避免在公共场合汇报,以免泄露敏感信息。可以通过会议的形式汇报,尽量不要临时汇报。

"好了,今天就到这里,整理完笔记,好好消化,别再拿汇报不当回事。"陈北北拍拍赵小陌的肩说道。

融会贯通

1. 汇报是尊重老板的一种方式,要有意识地主动向老板汇报工作。

2. 汇报是一种沟通方式,汇报有助于建立信任。

3. 向上汇报的思路:

（1）了解上司的风格。

（2）突出重点,梳理逻辑。

（3）简明扼要,不唠叨。

（4）善于倾听。

4. 向上汇报的五个步骤:充分准备、结果导向、随机应变、获取指导、达成共识。

5. 向上汇报的注意事项:不要越级汇报,老板是享受听汇报的,选好时机和场合。

一句千金

用汇报的方式尊重老板，结论先行，

及时汇报你的价值、做出的贡献、

需要的支持以及可预见的风险、

关键节点，以便其做决策。

成为老板的资源——修炼内外功

时值年中绩效评估之际，当陈北北做完年中汇报离开李大为的办公室后，李大为直接给陈北北的年中考核打了一个 A，他对陈北北这位下属着实满意。早在面试陈北北的时候，李大为就很喜欢这个姑娘，否则一向老谋深算、凡事斟酌的他也不会在面试刚结束就说出那番邀请的话。姜还是老的辣，李大为果真没有看走眼，陈北北这半年的表现没有让他失望。

陈北北在这半年的工作中究竟做了哪些事情，为此深得李大为的喜爱呢？其实陈北北就做好了两个方面的事情。

第一个方面，修好内功——做一名优秀的下属。

1. 敬业爱岗。敬业不仅是一种态度，更是一种行动，对老板所提的每一个要求都及时响应，行胜于言。

2. 服从但不盲从。服从不需要借口，也不需要理由，服从是一种智慧。如果老板的决策与实际情况不符，应当先表示接受，然后再寻找圆满的解决方案，提出合理的建议。

3. 主动汇报。主动汇报，赢得尊重，建立信任。

4. 敢于担当。敢于承担责任，老板才会委以重任。

5. 胜任岗位。了解老板的预期，并超出预期，成为一名令老板满意的下属。

第二个方面，练好外功——帮到老板。

1. 不低估老板，并配合老板发挥出他的优势，帮助老板取得成功。低估自己的老板，只能说明你对自己的老板了解还不够，况且低估老板不会给你的工作带来任何好处，反而会埋下隐患。

2. 及时补位，但不越位。老板难免会有疏忽的时候，关键时刻你要能雪中送炭、及时补位，还要能把功劳"让"给老板。

3. 换位思考。不是帮老板做决策，而是思考老板还需要什么支持，并想办法提供支持。要给老板解决方案，而不是给老板找问题。找问题不难，难的是通过对问题的分析，收集信息，厘清思路，找到解决方案，然后提供多种解决方案，让老板做选择题，而不是填空题。

4. 能成为老板的镜子。老板也想了解自己的不足，希望获得反馈。做好前面三步，成为老板信赖的人后，再适时给老板忠告和反馈，成为老板的珍贵资源。需要注意的是，如果反馈中没有解决方案，不如不反馈。

融会贯通

1. 修好内功——做一名优秀的下属。敬业爱岗、服从但不盲从、主动汇报、敢于担当、胜任岗位。

2. 练好外功——帮到老板。不低估老板，并配合老板发挥出他的优势；及时补位，但不越位；换位思考；能成为老板的镜子。

一句千金

了解上级的思维与视角，成为被上级信任的对象，

让自己的才能和本领得到充分发挥，

做上级的合伙人。

让老板成为你的资源——站在巨人肩膀上

李大为之所以如此欣赏陈北北这位下属，不仅仅是因为陈北北修炼好了内外功，还有一个更重要的原因是，在陈北北这里，李大为不只有老板一重身份。

李大为是陈北北的职场榜样。

老板是职场中离你最近的人之一，老板不会无缘无故成为老板，他一定有值得你学习的地方。职场中向老板学习是一种实用、高效的自我提升方式，你不仅可以提升专业能力、培养工作热情、强化全局意识，而且可以学到如何成为一位好老板，如何做好管理。

把老板视为榜样，加快自己的成长，陈北北总结了以下四步。

1. 寻找老板的优势，看到老板的长处。

2. 用心观察。观察老板是如何发现问题、解决问题以及如何待人接物的。

3. 分析思考。结合自己的特点以及吸收和领悟的情况分析思考，而不是照搬照抄。

4. 立即实践。将观察和思考的收获落实到实践中，找到适合自己的工作方式。

李大为是陈北北的职场导师。

职场导师经验丰富，在工作上可以给你提供新的见解、智慧和支持，并且导师愿意培养你、帮助你开拓视野，快速成长，让你尽快取得成功。老板就是非常不错的职场导师人选。

如何让老板成为职场导师呢？想要站到巨人的肩膀上，至少得先靠自己爬上去。通过一个个具体的选择和小事的积累，取得老板的信任，并让老板相信你是可造之才。陈北北自打从面试开始，就已经在这么做了。

李大为是陈北北的职场人脉。

成功的职场人背后，一定有优质的人脉圈支撑。优质的人脉圈可以带来意想不到的机会和机遇，陈北北就是被推荐到 T 公司的，可以说大多数职场中的高级岗位人选都是以推荐为主。

首先要将老板作为自己的人脉，然后你才能认识老板背后的人脉，把老板的人脉变成自己的人脉，最后再让自己成为老板的人脉。具体如何去做呢？首先你要胜任岗位工作，要与老板建立牢固的信任关系，老板才会成为你的人脉，才会带你去参加一些会议、行业论坛或是引荐一些朋友。真正要将老板的人脉变成自己的人脉，甚至将自己变成老板的人脉，除了真诚之外，还需要不断提升自己的可交换价值，这种意识也将成为你在职业发展中激励自己进步的动力。

此外，老板可以帮我们点亮人生。

老板也是人，比一般人有更大概率是更加优秀的人，他的人生经历可以帮助你对人生有更深洞察和理解。在工作之中与老板建立良好的感情，将老板变成榜样、导师、人脉，相信老板也一定愿意在生活中给你带来帮助，在不同的阶段带给你启发，甚至帮你点亮人生。

陈北北心想：说不定哪天李大为还可以给自己介绍一位优质男朋友呢。

1. 老板是职场榜样、职场导师、职场人脉。
2. 先将老板变成自己的人脉，然后认识老板背后的人脉，再让自己成为老板的人脉。
3. 老板可以帮我们点亮人生。

一句千金

充分挖掘老板的优势，跟着老板进行影子式学习，

了解老板的人脉网络，把他变成人脉拓展点，

再让自己成为老板的人脉，彼此成就。

哗啦哗啦......

工作稿 ×××

A201

咚咚

不紧张，不紧张，不紧张，不紧张，我一点都不紧张。

请进。

领导，我是不紧张，我来汇报一下工作。

唉，尽管平时踏实工作，但是一到汇报时还是紧张。

害怕说不好，我该怎么办？

让汇报思路清晰，表达有力，推荐使用结构化思维工具。

比如，可以使用"金字塔原理"。

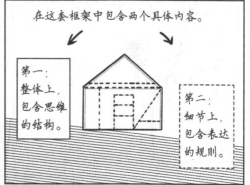

金字塔原理提供的是一套框架，让你实现结构化的逻辑思维，就像建筑的结构化框架一样，让你轻松搭房子。

在这套框架中包含两个具体内容。

第一：整体上，包含思维的结构。

第二：细节上，包含表达的规则。

结构让我们整理好信息。

规则教我们怎么选择和传递这些信息。

其中的具体原理，要从人的思维习惯说起。

人类的想法在没经过整理时，就像这箱小球一样堆在脑子里。

像这样把自己的想法传递给别人，可不是好的方式。

其实，人类有对信息进行分类的天性，把信息组织成自底向上分类汇总的金字塔结构，非常自然。

红色　黄色　蓝色

所有信息在横向和纵向两个方向上是连接起来的。

纵向是表示总分关系的连接。

从上到下是先总后分，一般用于表达。

从下到上是先分后总，一般用于思考。

横向是表示逻辑关系的连接。

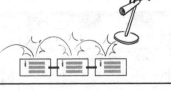

顺序连接的大前提、小前提、结论，这是演绎推理。

将有共同特点的一组连接放在一块儿，这是归纳推理。

信息就这样组成了"金字塔"。

抓住其中的上下关系，可以让观点清晰。

抓住其中的左右关系，可以让论证有力。

在这种结构的基础上有信息传递的一些规则。

我来总结几条。

第一：结论先行，上下结构中先说靠上的信息。

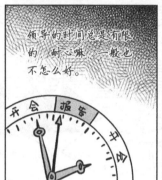

领导的时间总是有限的，耐心嘛，一般也不怎么好。

不能从一开始就抓住领导的注意力，整个汇报基本可以宣布失败。

领导们

我想汇报的第 28 个问题是……

越靠上的信息越是总结性的，重要性越高，领导越感兴趣。

今年的支出超过了预计的 150%。

第二：同一逻辑范畴的信息集中起来表达。也就是说，把左右结构的信息放到一块儿说。

1 + 2 = 3

任何信息的缺失都会导致逻辑不完整。

+ 2 =

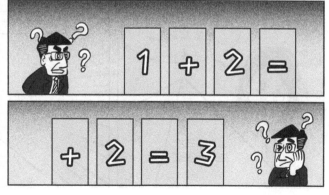

1 + 2 =

+ 2 = 3

第三：按照逻辑上的先后顺序表达，同类信息从左到右按顺序表达。

起因
经过
结果

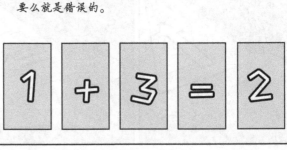

逻辑顺序混乱的话，传递出的信息要么不清晰，要么就是错误的。

$1 + 3 = 2$

你们觉得我讲得是不是很清楚？

倒是讲得挺多的……

仔细想想的话，还是清楚的。

反正有点啰嗦……

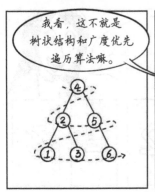

我看，这不就是树状结构和广度优先遍历算法嘛。

所以，简而言之，

金字塔原理的内容就是一种数据结构加一套遍历算法。

```
typedef char DataType;
typedef struct TreeNode
{
    DataType elem;
    struct TreeNode* rchild;
    struct TreeNode* lchild;
}TreeNode;

void InitTree(TreeNode** root)
{
    assert(root);
    if(*root == NULL)
```
+
```
void BFS (Vertex V) {
    visited[V]=true;
    Enqueue(V,Q);
    while (! IsEmpty) {
        V=Dequeue(Q);
        for(v in Vnb(V)) {
            if(!visited[w]){
                visted[w]=true;
                Enqueue(V,Q);
}}}}
```

程序员对世界的理解真是直接又奇怪。

果然是"站在金字塔尖的人"啊……

秋行

第五章
05 项目管理

目标设定——先瞄准后射击

立秋后，天气渐渐凉爽。陈北北收到了李大为对于她的团队上半年工作的肯定，她决定在明天的例会上，向团队成员传达这份肯定和鼓励，同时梳理团队成员下半年的工作规划和工作目标。

"主要是老大带得好。""加班熬夜都值了。""今天晚上得庆祝一下喽。"三人听完陈北北的传达，高兴地聊了起来。

陈北北拍了拍手，说："上半年开了一个好头，值得表扬，下半年也要再接再厉，大家要好好梳理下半年的工作规划。来，小团你先来，说说你下半年的项目目标。"

张小团显得有些语塞，结结巴巴地说道："那个……我会……超预期完成，确保项目能够保质保量地交付。"

团队例会结束后，陈北北发现是时候为大家整理业务规划方面的思路了，就先从下半年的目标设定开始好了。

制定目标的目的是提高绩效，那么什么是一个好目标呢？一个好目标的要求是：具体的、可衡量的、可实现的、有相关性的、有截止日期的。

在设定目标时，一定要选择"跳一跳才能够得着"的目标，这种目标才能激发人的斗志，让工作更有成就感。如果目标难度过大，可以将最终目标进行分解，设置阶段性目标，帮助执行者完成最终目标。

一个具体的目标能让人更有效率、更专注，并且能够使业绩得到大大改善。而通过定义具体的目标，可以起到四个作用。

1. 集中注意力，引领行动的方向。

2. 激励执行者坚持。

3. 让执行者投入更多的时间和精力。

4. 提高找到有效解决方案的概率。

当给下属设定目标时，如果目标是具体的、有困难的，并且是员工愿意接受的，就会产生激励作用，从而产生高业绩。所以，设定目标的前提如下所示。

1. 员工具备完成目标的能力。

2. 获得员工的承诺。

3. 员工可以接收到目标完成的反馈信息。

为了让团队成员能够有效制定目标，陈北北专门对每个人进行了单独的工作梳理和面谈，并且给他们准备了两个工具：目标达成路径和SMART要素。

目标达成路径如下所示。

1. 设定目标。

2. 分析并找到可能会遇到的困难。

3. 诊断问题并制订具体的计划。

4. 分解阶段性目标，列出解决方案。

5. 坚决执行。

一个正确、有效的目标应该具备SMART要素，如下所示。

1. 具体的（Specific）：界定清晰。

2. 可衡量的（Measurable）：有可量化的结果，执行过程当中能够清楚地知道完成的进度。

3. 可实现的（Attainable）：目标不能超出自身能力极限，可以具有挑战性，但应当是符合实际、可完成的。

4.有相关性的（Relevant）：这个目标是否具有诱惑力，能让你产生足够的动力，如这个目标对你很重要，你真心想要实现。

5.有截止日期的（Time-bound）：有截止时间，有具体的时间节点。

团队成员通过跟陈北北沟通，不仅思路更加清晰，而且了解到目标管理的本质。不是老板定目标，下属来完成，而是老板和下属一起理解目标、制定目标，一起完成目标。在这个过程当中，下属才是目标设定和完成的主角！

融会贯通

1. 在设定目标时，一定要选择"跳一跳才能够得着"的目标；一个具体的目标能让人更有效率、更专注，并且能够使业绩得到大大改善。

2. 当给下属设定目标时，如果目标是具体的、有困难的，并且是员工愿意接受的，就会产生激励作用，从而产生高业绩。

3. 目标设定的两个工具：目标达成路径和SMART要素。

一句千金

目标倒推，成果逆览，有效设定目标就是一种激励，

鼓励员工兼顾临时之计和长远目标。

OKR——敏捷团队的目标管理

9月10日教师节，陈北北送给李大为一束向日葵鲜花，并在贺卡上写道："感谢大为老师半年的培养，您把我像春天的幼苗一样灌溉，用夏天的甘泉培养，看着我秋天收获辉煌，心如冬雪真诚地把我赞扬。在大为哥的团队和时代脉搏一起跳动，和伟大同行！"作为回礼，李大为送了陈北北一本书《目标管理》，此书对公司最近正在推出的OKR工具做了更详尽的阐释。为了保证目标落实，OKR工具让每一个环节都一目了然、公开透明，让一切在阳光下运行，同时在年底的绩效评估时可以作为依据公平、公正。在成为管理者之前，陈北北担任的是被考核的角色，在成为管理者之后，她同时承担了评估者的角色。能力越大，责任越大，陈北北决定要深入地学习目标管理的知识，认真研读李大为送的这本书，做好读书笔记。

什么是OKR？O是目标（Objectives），KR是关键结果（Key Results），OKR就是目标与关键结果法（Objectives and Key Results）。OKR是一个目标管理工具，也是一个团队沟通工具，更是一种新的工作方法和理念。

OKR是一种过程衡量工具，关心目标是什么和如何去实现目标，不跟考核直接挂钩，鼓励员工设定有挑战的任务。OKR给员工的感觉是"我要做"，能够更大程度地激发员工的创造力。OKR的设定周期较短，可以是月度或者季度，所以在使用场景上，OKR更加适合敏捷多变、创新性的工作。

团队当中实施 OKR 的步骤

第一步，制定 OKR，先写出 O，也就是目标，然后设定 KR，即针对目标设置 3～4 个能衡量目标是否实现的关键结果。

目标设定的 3 个原则：

（1）要方向明确、鼓舞人心，并且是可达成的挑战目标。

（2）要有时间期限，有确定的截止日期更有助于目标实现。

（3）要团队或个人可控，即由独立的团队来实现目标，执行的主体必须明确。

好 KR 的 7 个标准：明确且具体的、可衡量的、有挑战性的、正向驱动行为的、符合当前情况且可执行的、自主定制的、团队所需要的。

第二步，达成 OKR 共识，拿到他人的建议，获得承诺和认同。

第三步，持续追踪，阶段反馈，定期召开会议，沟通反馈。

第四步，复盘，改善目标。

复盘步骤

第一步：完成 OKR 分数自评，给每个 KR 打分，OKR 的打分体现的是目标的完成进度、完成质量或是自己的期望值。

第二步：对自己的打分和回顾进行总结，找出问题并总结经验，为复

盘会上的发言做准备。

第三步：召开团队复盘会，团队成员充分沟通，宣布各自的 OKR 结果并达成一致。复盘会流程：本人复盘 OKR →经理点评 OKR →同事反馈 OKR。

第四步：通过复盘会，总结 OKR 成功的经验，分析 OKR 失败的原因，并制订改善计划。

OKR 不仅可以运用到工作中，还可以运用到个人的生活中。陈北北就针对自己的瘦身计划制定了 OKR。

O：未来 3 个月，体重减少 10 斤。

KR1：调整饮食，多吃高纤维食物，一天摄入热量不超过 1300 千卡。

KR2：每天慢跑 1 小时。

KR3：晚上 9 点以后不吃任何东西。

KR4：找一个同伴，相互监督，每天完成以上 3 项。

仅仅 1 个月的时间，就已初见成效，陈北北居然瘦了 5 斤。

融会贯通

1. 团队当中实施 OKR 的步骤：制定 OKR；达成 OKR 共识；持续追踪，阶段反馈；复盘。

2. 目标设定的 3 个原则：要方向明确，鼓舞人心；要有时间期限；要团队或个人可控。

3. 好 KR 的 7 个标准：明确且具体的、可衡量的、有挑战性的、正向驱动行为的、符合当前情况且可执行的、自主定制的、团队所需要的。

4. 复盘步骤：完成 OKR 分数自评；对自己的打分和回顾进行总结；召开团队复盘会；总结成功经验，分析失败原因，制订改善计划。

一句千金

OKR 是一种目标管理工具，

也是一种自我管理工具，

能够放大目标的动能，

聚焦单一的方向，

规划行动的路径。

时间管理——精力都去哪儿了

一个人的七夕也要微笑，埋头工作，今天的世界与我无关。陈北北依旧每日从早到晚埋在工作中，无暇顾及个人情感。点亮手机屏幕，25条新信息，一堆工作等着陈北北，一个需求跟着一个需求，团队成员每天更是排着队等着陈北北的时间，然而经常是一整天结束，尽管陈北北已经心力交瘁，但工作还是没有做完。

这段时间陈北北已是疲惫不堪，甚至没有时间思考、学习和运动。问题出在哪儿呢？"是自己管理上出了问题，还是工作思路上出了问题，或者是时间真的不够用？"想到这里，陈北北突然意识到，是自己的时间管理出了问题。

经过钻研，陈北北了解到：时间管理的本质是对外管理实务、管理合作关系，对内管理自己。同时，时间管理也是个人实现职场跃迁的一个重要因素。陈北北决心一定要整理出一套适合自己的时间管理方法。

结合自己的工作，陈北北整理出了自己的时间管理六步。

1. 判断耗时。完成一个任务实际花费的时间总会超过计划花费的时间，就算制订计划的时候考虑到很多因素，也不能避免这种情况发生。

一旦开始做事情就会发现"意外"接踵而至，防不胜防。"意外"产生的原因是对任务的不熟悉。来到一个新的团队，通常情况下，我们接受的都是陌生任务。要顺利解决这些"意外"，就必须完整地执行一次任务。做任何事情之前先判断其熟悉程度（或陌生程度），从而提高判断耗时的能力，做好时间规划。

2. 有规划地行动。这里涉及一个当前很热门的话题"拖延症"。拖延症就像是一种病，千万不要放弃治疗。不管遇到什么任务，永远不要再问"什么时候开始才好"，因为答案只有一个：尽快！行动前做一个判断，如果完成这件事情时用时小于 2 分钟就立刻去做，否则延时会堆积成无形的压力；如果大于 2 分钟就先收集记录下来，尽快有规划地去完成。

3. 记录时间。用纸笔或时间管理 App 记录自己一天的时间都花在什么地方，掌握自己使用时间的情况，坚持记录一个月找到规律，从而有针对性地提升效率。

4. 实践时间管理四象限（见图 5-1）。提前做好时间规划，经过长期实践就能够掌握规划时间的能力。

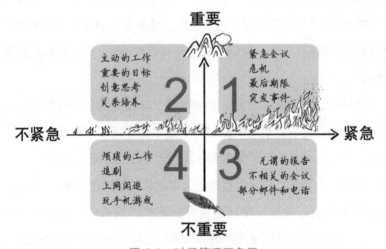

图 5-1　时间管理四象限

这里主要介绍四象限法则，将事情按紧急或不紧急、重要或不重要分为四大类，排出优先级。重要且紧急的事情，立即去做；重要但不紧急的事情，有计划地去做；不重要但紧急的事情，交给别人去做；不重要且不紧急的事情，尽量不做。高效能人士会把事情尽量往重要但不紧急的第二象限推进。

5.制作任务清单、写周报。为避免忘记和遗漏，可以完成一个打一个勾，这样可以提升工作成就感。表格要放在自己触手可及的地方。最重要的任务一段时间只有一个，一旦开始运作，就一定要执行到底。

6.评价标准。设计和制定可衡量的评价标准，其中要包括对任务完成质量的评价。

最后，记得不要只管理你的时间，更要管理你的精力。每个人每天都只有 24 小时，但是不同的精力状态会导致完全不同的结果。

融会贯通

1. 判断耗时。做任务前预判花费的时间和精力，提前做好规划。

2. 有规划地行动。小于 2 分钟的任务现在就做；大于 2 分钟的任务先收集起来，有规划地完成。

3. 记录时间。经常整理、分析时间花费情况，找到其中的规律，有针对性地提升效率。

4. 实践时间管理四象限。将一块白板分成四个区域（重要紧急、重要不紧急、不重要紧急、不重要不紧急），然后用四色便笺纸写下每个区域的任务。高效能人士会把事情尽量往第二象限推进。

5. 制作任务清单、写周报，实际是帮助你整理思路与排序任务优先级，每周一上午拟订当周计划，每周五下午验收当周完成结果。

一句千金

时间管理的本质是精力管理，

了解自身精力曲线，

在精力最充沛的时候完成最重要的事。

平行思维——统一当下思考的模式

随着工作节奏越来越快，在解决问题时留给陈北北团队思考的时间并不多，如何通过系统思考将无休止的辩论变为有意义的建设性探索呢？同样是一个问题，换几个角度或焦点去思考就能有不同的解决方案。陈北北开始带着团队学习将平行思维应用到工作中。平行思维是指让每个人在同一时间内使用相同的思考模式，可以有效地避免无谓的争论和混乱。使用平行思维能够让工作更加高效，甚至产生高绩效，不论是公司变革还是个人变革都离不开平行思维。而六顶思考帽就是平行思维的工具。

陈北北决心将平行思维运用到工作中，第一步就从开会开始。说到开会有些人一定有一肚子苦水，如果对工作中最耗费精力的事情进行投票，开会的得票率一定很高。很多会议一开就是几个小时，从群英会变成扯皮会；有的会议组织者在唱独角戏，下面的人一言不发，没有得到任何结果，浪费时间。所以组织一场会议，也是一门艺术。

六顶思考帽要做的是把复杂混乱的思维分解成六个方面，如图5-2所示。

六顶思考帽对团队的价值，如下所示。

1. 从思维的对抗到智慧的叠加。

2. 从个人的角度到团队的共识。

蓝帽 控制过程　　 白帽 信息与情报　　 红帽 感觉、情感 和直觉

目标是什么？　　　我们知道什么？　　　我的感觉是什么？
结论是什么？　　　还需要知道什么？　　直觉告诉我什么？
下面怎么做？　　　信息准确吗？　　　　我喜欢什么？

 黄帽 利益、价值 和可行性　　 黑帽 问题、困难 和风险　　 绿帽 替换方案 或新方法

有什么好处？　　　会遇到哪些困难？　　还有什么别的办法？
想法可行吗？　　　警惕哪些风险？　　　能来点什么不一样的吗？
怎么能做到？　　　担心有依据吗？　　　为什么不行？

图 5-2　六顶思考帽

3. 减少争论，节省沟通和会议时间。

4. 创新思维，提升团队思考的质量。

一个人使用六顶思考帽，可以非常全面、具体地思考；一个团队使用六顶思考帽，因为六个思考的维度是六条平行线，所以可以让团队在同一时间"戴"上同一顶思考帽，处在同一个思考维度上，让团队的思考不再对抗，让大家的智慧相互补充。

陈北北在早会中运用六顶思考帽发起了"流程优化"的会议：首先，陈北北戴上蓝帽，聚焦会议主题，张小团、阿度、老滴戴上白帽收集客观事实，用 5～6 分钟的时间回顾一下目前的流程，别人对流程有哪些看法。然后，大家一起戴上黄帽，讨论该流程有哪些好的方面。接下来，大家戴上黑帽，用 10 分钟的时间提出当前流程中的挑战、困难和风险，以及该流程有哪些不足。再接下来，大家一起戴上绿帽，用 5 分钟的时间针对这些流程找出有效的方法、建议和解决方案。之后，戴上红帽，用一两句话表达各自对状况的感觉。最后，陈北北再戴上蓝帽，用 2 分钟时间分配任务

和安排行动计划。

　　通过运用六顶思考帽，以往需要 2 个小时甚至更长时间的会议，现在用几十分钟就能够有条有理地达到会议目标，不仅能够集中大家的智慧，保证会议质量，还能大大节省会议时间。

　　陈北北不只是在流程优化会中使用六顶思考帽，在各类不同的会议当中，例如规划会、总结会、解决问题会、创意会等，也尝试了多种六顶思考帽组合使用的方法。接下来，不仅仅在会议中，在未来所有的工作领域里，陈北北都会将平行思维变成一座桥，去连接所有人思考的模式。

融会贯通

1. 当好蓝帽：控制过程，集中思考问题，定义问题，管理思考的过程。

　　收集白帽：收集信息与情报，思考信息、事实、数据。

　　说出红帽：说出情绪与情感，思考感觉、情感和直觉。

　　挖掘黄帽：挖掘价值与优点，思考利益、价值和可行性。

　　平衡黑帽：平衡风险与问题，思考问题、困难和风险。

　　巧戴绿帽：进行创新与冒险，思考替换方案或新方法。

2. 六顶思考帽要灵活运用，没有唯一正确的帽子顺序，并且也不是每一次都要把六顶帽子全部用到。

一句千金

每个人在同一时间使用相同的思考模式聚焦，

是改争论为资源共享，改说服为共同决策，

多角度看问题。思维的质量决定未来的质量。

问题分析与解决——不做救火队长

为筹备"十一"黄金周线上活动,陈北北团队忙得不可开交。由于上周张小团在重要模块环节的失误导致整个项目无法推进,陈北北在本周一紧急召集大家,共同讨论并实施补救方案,尽可能将损失降到最低。最后,经大家讨论决定,一方面由陈北北出面和交付部门坦诚沟通,请求延期及谅解;另一方面,陈北北亲自上阵重新搭建架构,其他成员负责修复已知问题,保证用最短的时间让项目重回正轨。

整个团队忙活了一个星期,每天加班到深夜,陈北北更是通宵达旦,没离开公司半步。虽然进度赶了上去,但陈北北一直在忙着"救火",根本无暇顾及其他工作,连周一的经理会也请假没参加。陈北北暗暗叫苦,但总不能眼睁睁地看着项目延期吧?如果每一次都是自己直接上,是治标不治本。到底如何才能避免成为"救火"队长呢?

陈北北决定找张小团谈一谈。

"原来是这样。"陈北北通过这次谈话找到了张小团出问题的原因,同时也对她做了安抚工作。张小团是在处理问题的思路上出了问题,所以才会一条道走到黑,造成这次的"事故"。

为了不再做救火队长,陈北北决定给团队做一次"如何进行问题分析与解决"的主题分享,陈北北将问题分析与解决流程划分为六个步骤(见图5-3)。

图 5-3   问题分析与解决六步骤

第一步，问题界定。

问题界定需要做到四个方面：了解问题的主要来源，确定解决问题的主题，找出与主题相关的问题，清晰地陈述和定义问题（过去型问题、现在型问题、将来型问题）。

第二步，原因分析。

原因分析有四步：找出可能的影响因素，采集整理数据，确定问题主要因素，完成主要因素问题分析报告。

在这里陈北北引入了鱼骨图工具进行原因分析，之所以使用鱼骨图，是因为问题产生的原因可能有很多种，直接的或间接的、主要的或次要的、客观的或主观的等。如果不能用一种有效的方法进行梳理，就很容易陷入混乱。鱼骨图（见图5-4）可以用来抽丝剥茧，分析一层层的因果关系，正好是可以解决这类问题的一种简单又有效的可视化方法。

使用鱼骨图可以让我们对问题产生的原因进行归类，使这些原因更有条理和逻辑。使用鱼骨图有四个步骤。

1.鱼头：定义主要问题。

2.骨架：讨论并确定主要影响因素类别或框架。

3.鱼刺：使用头脑风暴等方式，依次对各主要原因进行细化。

4.修改和优化，找出和分析根本原因。

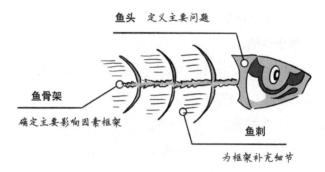

图 5-4　鱼骨图

第三步，解决策略。

制定解决策略需要四步：讨论可能的解决策略，确定解决问题的标准，建立解决策略的选择标准，评估与确定解决策略。常见的误区是，喜欢根据过去的经验，做未来的决策。

如果出现"哎呀，我怎么没想到"这种情况，我们就应当重新思考，向自己提出三个问题，帮助自己深入思考。

问题一：其他人会怎么思考这个问题？

问题二：两个选择真的水火不容吗？

问题三：我能找到为自己提供帮助的方式吗？

第四步，行动计划。

制订行动计划需要三步：明确计划要求，制订行动计划，找出关键路径。

在明确计划要求和制订行动计划方面，可以通过列出项目步骤、确定完成时间、使用甘特图的形式进行。

在确定关键路径的过程中需要考虑：对结果的影响、时间限制、成本、难度、历史经验。

第五步，方案执行。

方案执行需要四步：实施行动计划，监督实施过程，采集用于评估的数据，必要时实施应急计划。

第六步，结果评估。

结果评估需要四步：对目标结果进行评价，检查方案引发的新问题，将成功方案设为新标准，检查回顾。

最后，需要注意的是，在整个问题分析与解决的过程中，我们需要做到专注。三个步骤可以帮你有效实现专注：①判断最佳选择、行动时间；②集中精力于眼前的问题；③坚持行动。

陈北北总结到，问题分析与解决能做到这个程度，设计研发就趋于稳定和成熟了。一边分析问题，一边解决问题，意味着在修复与探索中成长。期待之后团队一起攻克双十一、双十二线上大促活动。

融会贯通

1. 问题分析与解决的六个步骤。

第一步，问题界定。了解问题的主要来源，确定解决问题的主题，找出与主题相关的问题，清晰地陈述和定义问题。

第二步，原因分析。找出可能的影响因素，采集整理数据，确定问题主要因素，完成主要因素问题分析报告。

第三步，解决策略。讨论可能的解决策略，确定解决问题的标准，建立解决策略的选择标准，评估与确定解决策略。

第四步，行动计划。明确计划要求，制订行动计划，找出关键路径。

第五步，方案执行。实施行动计划，监督实施过程，采集用于评估的数据，必要时实施应急计划。

第六步，结果评估。对目标结果进行评价，检查方案引发的新问题，将成功方案设为新标准，检查回顾。

2. 鱼骨图工具的四个步骤。

（1）鱼头：定义主要问题。

（2）骨架：讨论确定主要影响因素类别或框架。

（3）鱼刺：使用头脑风暴等方式，依次对各主要原因进行细化。

（4）修改和优化，找出和分析根本原因。

3. 三个步骤帮你有效实现专注：①判断最佳选择、行动时间；②集中精力于眼前的问题；③坚持行动。

一句千金

思考解决方案前先想想为什么，

无法找出根本原因时，试着把原因联系起来，

纵观全局，看清事件背后的关联和逻辑。

从计划到执行——目标与结果之间的桥梁

"十一"即将来临，陈北北团队新接的项目方案终于确定了，正式进入执行阶段，目标是在线上活动开始前完成新系统的设计和上线。

在项目推进会上，陈北北将项目背景、业务规划、时间要求以及公司的期望传达给了大家，希望大家全力以赴完成目标。这时老滴提出了自己的建议："我觉得咱们团队缺乏有经验的专家，如果要保质保量地完成项目，最好可以借调几个其他团队的老员工。"陈北北表示同意，她接到项目时也曾向李大为提过相同的想法，但是李大为的回复是目前各个团队人手都非常紧张，这个要求无法满足。

项目时间紧迫，不可能等到其他团队有余力的时候再开展，所以这需要陈北北在全面思考之后，再让团队去执行。经过陈北北的深思熟虑，她决定做到三个方面，以确保项目的有效执行。

第一个方面，流程工具化。所有计划完全靠人来执行，有着天然的风险，难免会受到情绪或行为因素的影响。使用流程工具化的方式，即通过各种外在手段，让流程得以按照计划执行，确保得到可预计的结果。

流程工具化，具体来讲就是在项目执行过程中，使用工具管理整个流程。在陈北北这个项目中，陈北北选择使用甘特图来管理整个项目的执行流程，确保自己随时可以查看每个人的完成进度和执行情况。

第二个方面，明确自己（管理者）需要提前做到的事情。

1. 深入了解团队成员，知人善任。这一点应当是通过进行基于事实的人员评估实现的。

2. 设定明确目标并排出优先顺序。不仅要聚焦精力，还要聚焦资源。

3. 辅导员工，提供支持。优秀的管理者把自己与下属的每一次会面都看成是一次指导的好机会。

4. 持续跟进，奖罚分明，直到达成目标。让团队成员感受到，每个人获得的奖励和尊敬都是建立在他们的工作业绩上的。

第三个方面，确保每个成员在计划执行过程中都明确四个原则。

1. 聚焦，将精力集中到 1～2 个最重要的目标上，毕竟好想法的数量总会超过执行力的范围。需要注意的是在执行过程中，需要限定完成时间。

2. 好钢用在刀刃上，将资源倾斜到有利于帮助你完成最终目标的任务上。一般而言，当确定最终目标之后，你会制订一个详细的计划列表，未来几个月会按照这个计划列表去执行。不过，我们这里要讲的是，长期计划不应过于硬性，你需要每天或每周调整具体计划，达成这些目标，从而驱动达成最终目标。快速调整，但始终聚焦最终目标。

3. 及时反馈。作为管理者，你需要及时让团队成员获知自己的成绩，让每个人知道自己是领先了还是落后了，以起到激励作用。

4. 明确责任。一周一次例会，聚焦每位成员的工作进度和完成情况，采用团队成员汇报的方式，让团队成员知道，执行的责任在于自己，并且老板在持续关注。帮助团队成员锁定目标，引领任务执行的方向。

好饭不怕晚，落实好以上三个方面，陈北北才放手让团队成员全力去执行。从计划到执行，排除阻力与干扰、奖罚分明，让团队所有成员齐心协力，时刻保持对执行力的关注，让项目从一张作战指挥地图落实到了行动上。看到大家高涨的热情，陈北北悬着的心总算落下了。

融会贯通

1. 使用流程工具化的方式，即通过各种外在手段，让流程得以按照计划执行，确保得到可预计的结果。

2. 明确管理者需要提前做到的事情：深入了解团队成员，知人善任；设定明确目标并排出优先顺序；辅导员工，提供支持；持续跟进，奖罚分明，直到达成目标。

3. 在计划执行过程中，明确四个原则：聚焦，将精力集中到1～2个最重要的目标上；好钢用在刀刃上，将资源倾斜到有利于帮助你完成最终目标的任务上；及时反馈；明确责任。

一句千金

提升团队执行力，建设高绩效团队，

需聚焦最重要目标，关注引领性指标，

激发动力，责任到人。

唉……总是这样……项目进行中的鸡飞狗跳，最让人焦虑了。

面对问题，本来是想打出一套漂亮的拳法的，

要你命3000！！！

但是，现实嘛……项目的推进完全不按套路来。

而且，我越是全力应对，5w2h分析法越是自动介入添乱。

本来是有效的管理工具，反而让我更加焦虑了。

这时候需要学学GTD（Get Things Done）管理法。

GTD搞定

提升自己在时间管理方面的领导力，缓解焦虑，使项目轻松愉快地推进。

在人类的发展过程中，总是伴随着焦虑。这种天性是有益的，能帮助我们逃离风险。

*&￥……#@！

剑齿虎，一群！

猎物越来越少了。

嗯？老板叫我！

现在让我们焦虑的是各种事情的失控和不知所措。

老天，这么乱！我该穿什么衣服啊！？

对于衣柜里的衣服嘛，我们还是有一定经验，知道该怎么办的。

如果是每天要处理的各种事务呢？其实也是同样的方法。

所以，隆重介绍 GTD 的核心方法：衣柜整理五步法！

收集	整理	组织	回顾	执行
收集一切会引起我们注意，让我们为之耗费脑力思考的事情。	根据事情本身的特点，对事情进行分类。	规划好如何处理不同类型的事情。	检查之前的整理结果，保证整理系统运转顺畅。	永远只执行一件事情，那就是下一件事情。

第一步，我们从收集开始，事无巨细地把面临的目标任务都采集起来，罗列出来。

就像整理衣柜时，

先把衣柜里衣柜外所有衣物都摆出来。

摊开放在纸面上，尽管还没有整理，但已经感觉好很多了。

任务堆在脑子里让人心烦意乱，不如都写下来。

第二步，整理。识别目标任务，根据任务自身的特点进行分类。

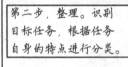

分别把任务放到四个类别里。

给别人做

现在要做

未来要做

不用做

第三步，组织。规划一下两个文件夹里的内容，"现在要做"和"未来要做"。

这个过程就像是规划衣柜里的分布。

再把整理好的衣服按规划用途放回去。

正装和衬衫区域

长裤区

帽子围巾区

结果是产生多个清单，划分不同用途的任务。

项目清单

需要和别人协同进行的一系列行动。

行动清单

拆分为可以立即执行的行为动作。

将来清单

计划未来执行的行动任务。

不焦虑的自信是建立在我们充分相信这份清单的基础上的。

所以，我们还有第四步要做。定期回顾行动清单产生的整个过程，加强我们对它的信任。

最后一步，执行！从清单中选出当前要做的事，一次只选一个。这一点很重要，一次只能选一个。

其体到某一个时刻，该选哪个呢？

根据当时的情景，自己的时间、精力，这其实很容易判断。

这会儿我可以把"背10个单词"的任务完成。

等等，不是一样有"背10个单词"的任务压着我吗？我还是会焦虑啊，不是吗？

并不是，其实任务本身不直接导致你的焦虑哦。

害怕不能完成任务，所以反复提醒自己这个事儿，

这，才是焦虑。

现在，把这些提醒统统清扫出自己的大脑。

让大脑自信不会落下任何任务，因为都记在清单上早晚会完成，这样就不焦虑了。

所以任务本身不会带来压力和焦虑，我突然不想背单词了也没关系，反正列在清单里，忘不掉。

没错！！反正衣服都在衣柜里整理得好好的，我们干吗焦虑呢。

如果每天打开衣柜的时候，我们可以不焦虑的话，

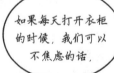

那每天的工作和生活也一定可以做到这样。

06 第六章
跨团队协作

冲突解决——把矛盾当突破口

中秋的夜晚，月光皎洁无瑕，陈北北回想到糟心的跨团队协作，感觉十分不应景。为什么人和人之间会有冲突？因为不符合预期，并且不可能存在一个完全符合你预期的人，所以只要有协作，就会面临冲突。

想到白天张小团向陈北北哭诉："明明是我先订的阶梯教室，他自己忘记了，又把教室借给别人了，我没发脾气就算好了，他什么态度呀。"原来是张小团提前一个月就发邮件给行政部，预定好了后天大部门用的阶梯教室，结果发现同一天阶梯教室居然也被另外一个部门定上了。张小团匆忙找到行政部教室预定的负责人理论，结果两人就因教室的问题争吵了一番。

张小团将事情的始末给陈北北详细解释了一番，却发现陈北北似乎完全没有帮自己"出头"的意思，便焦急道："北北姐，你直接出面去找他们经理，这个事情肯定是我们占理的。"陈北北让张小团先冷静下来，打算就着这次机会给张小团做一次辅导。

陈北北告诉张小团，其实引发冲突的原因主要是沟通障碍和相互误解，想要处理好冲突，首先要有效识别造成冲突的原因，从而对症下药。

当出现冲突时，要判断冲突是事务层面的，还是人际层面的。如果是事务层面的，不能带有攻击性去沟通，否则会激怒对方，只会让对方表现出最糟的一面，可以用对事不对人的方式来处理。如果是人际层面的，处理起来要格外小心，不能只是简单地对事不对人。

陈北北拿出一张白纸，边说边画，开始向张小团讲述冲突的九种应对方式（见图 6-1、表 6-1）。

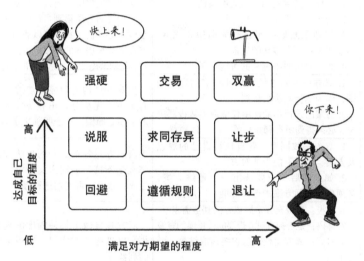

图 6-1　冲突的九种应对方式

表 6-1　冲突的九种应对方式的运用重点及应用时机

应对方式	运用重点	应用时机
回避	1. 不表态 2. 不退让 3. 不采取明确行动	回避或维持，是一种通过拖延时间来为自己争取有利局势的应对策略，应用时机如下： 1. 眼前局势对自己不利时 2. 拖延可以创造有利局面时 3. 争取筹码，当对方比我着急时 4. 状况不明，需要更多信息时 5. 静观其变时
说服	1. 选择性提供有利于自己的事实证据 2. 强调双方一致之处，忽视对自己不利的地方和能带给对方的利益	当你手上缺乏足够权力或不想动用权力，却又非常希望对方接受你的方案时，说服是一种可行的策略 说服比强硬要柔和许多，如果运用得当，就能够让对方发自内心地接受，但是应用说服的技巧有一定难度

（续）

应对方式	运用重点	应用时机
强硬	1. 立场：坚定明确，沟通不模棱两可 2. 情绪：不激动，无攻击性 3. 清晰果断地表明自己的期望、观点、标准或需要对方遵从的规范 4. 必要时说明不遵从的可能后果	在冲突过程中，当自己的观点或立场极为重要而必须得到贯彻时，采用强硬手段是必要的。我们可以通过各种令对方畏惧甚至服从的手段或方式，包括威胁、惩罚及施加压力等，贯彻自己的意志
遵循规则	1. 双方一致同意使用某种事前约定的规则，作为选择裁决的依据 2. 方案的选择不能使用权威或多数投票决定，必须得到所有利益相关方的一致同意	当双方势均力敌或者双方的方案各有高下，无法分辨出孰优孰劣，而眼前必须立即做出一个明确决定时
求同存异	1. 双方一致同意，各自执行自己的观点及方案，谁也不能干涉对方 2. 如果最后一定要选出一个最终方案，必须事前明确方案的选择标准，以示公平	当双方对各自方案的想法和优越性都坚信不疑，短期内又确定无法有效达成一致时，可使用这种方式
交易	1. 情报：是否充分掌握双方的利益需求 2. 筹码：是否拥有对方想要的或畏惧的资源 3. 时间：哪方比较紧急想要达成结果，哪方不急 4. 策略：是否灵活运用各种谈判策略	双方各自做出某种程度的妥协或让步，以迅速达成协议，取得某种程度的利益
退让	1. 让对方感觉己方是经过长时间思考，放弃自己珍惜的事物之后才做出决定的 2. 表明放弃自己的立场是为了与对方维系长远关系，对方很重要	当双方所争论的问题对对方很重要，而对自己并不重要，如果己方不反对可以为己方争取到额外利益时，这种退让的策略是可以选择的方式，包括以退为进、交个朋友、放长线钓大鱼
让步	1. 决定下放的权限范围 2. 明确对方可以自主决策的界限 3. 必要时，明确双方必须讨论追踪的里程碑或时间点	当冲突一方拥有相对较多的权力，而他选择相信对方的能力及判断时，可以向对方说明放弃一定的控制权并下放权限，让对方有自主施展的空间
双赢	1. 双方必须开诚布公，齐心协力地去寻求能够满足双方需求的解决方案 2. 双赢模式化解冲突一般需要大量的时间、充分的信任、丰富的创意以及良好的沟通互动能力	1. 双方关心的问题对各自都非常重要，双方也都愿意一起参与讨论解决方案 2. 双方拥有共同的目标或利益，因此必须一起协商讨论最佳运作模式

使用不同应对方式时有四个维度的考量点。

1. 对我的重要性。

2. 是否需要与对方维持好关系。

3. 每个策略的可行性。

4. 对方的处理风格。

"当然很多冲突是不可避免的，不存在一劳永逸的方法，我们需要学会管理冲突，尽可能通过双赢的方式实现跨部门协作。"陈北北补充道。

另外，面对冲突时，还要判断冲突是建设性冲突，还是破坏性冲突。

团队并不是要一味地追求一团和气，保有适度的建设性冲突是有益的。建设性冲突能够使团队沟通变得活跃，能够通过汲取所有团队成员的意见，快速地解决实际问题，所以刺激团队产生一定程度的建设性冲突是有必要的。但是，需要注意的是建设性冲突都是事务层面的，要防止事务层面的冲突发展成人际层面的冲突。

经过陈北北的辅导，张小团有一种醍醐灌顶的感觉，陈北北教给她的不仅是一套解决方案，更是一种跨团队协作的思维方式。果然，转变思路的张小团很快解决了问题，回来跟陈北北说："小事一桩，解决方案不要太多。"

融会贯通

1. 冲突的九种应对方式：回避、说服、强硬、遵循规则、求同存异、交易、退让、让步、双赢。

2. 当出现冲突时，不仅要判断冲突是事务层面的，还是人际层面的，还要判断冲突是建设性冲突，还是破坏性冲突。

3. 团队并不是要一味地追求一团和气，保有适度的建设性冲突是有益的。

一句千金

　　一个真实的团队既要相爱也要相杀：

相爱促进彼此信任，相杀暴露问题从而改进，

管理者要提升对冲突症结的判断力与掌控力。

团队对话——1+1>2

霜降碧天静，秋事促西风。有时候比天气更凉爽的是人与人之间的沟通。随着陈北北对公司业务越来越熟悉，李大为委派陈北北带领团队组成专项小组快速推进与A、B、C三个部门的互联互通项目。第一次立项沟通会之后，陈北北发现每个部门都站在自己的角度上各抒己见，始终无法达成共识。

A部门总体上沟通顺畅，但对可能影响自身业绩的问题一律不让步。

B部门作为配合部门，接收到来自各部门提出的需求，反馈说工作量太大，无法按时完成。

C部门作为集团的核心部门，感觉气势高人一等，根本不屑配合其他部门做协调性工作，只愿意按自己部门的思路执行项目。

眼看专项小组成立半个月了，各部门还是处于胶着状态，一个可落地的方案都没有确定下来，陈北北认为很有必要跟每个部门都进行一场团队对话。

团队对话的目的是要在一个可能的交集里，找到大家都能接受的点。但是团队对话并不是要达成零和博弈，而是要尽可能地达成正和博弈。

陈北北明白，团队对话当中，利益不等于立场，利益是对方内心真实的诉求，立场是他认识和处理问题时所处的位置和所持的态度，类似于"角度"。

陈北北想起一个故事：两个孩子讨论如何分家里唯一的橙子。两个人吵来吵去，最终达成了一致，选择了一个看起来很公平的方法：哥哥负责切橙子，弟弟来选橙子。两兄弟按照商定的办法各自分得了一半橙子，拿回自己的房间。哥哥立马大口吃掉了果肉，把皮剥掉扔进了垃圾桶，而弟弟则把果肉挖掉扔进了垃圾桶，把橙子皮留下来磨碎，混在面粉里烤蛋糕吃。

原本哥哥可以拿到完整的橙子肉，弟弟也可以获得一整个橙子皮，然而最终却因为少做了些什么，让一半的资源被浪费。少做了什么呢？哥哥和弟弟没有了解对方的真实诉求，没有把利益和立场区分开。只有真正了解对方的真实诉求，才能重新整合资源，实现双赢，使双方各自的利益在团队对话中达到最大化。

如何了解对方的真实诉求呢？善于提问，学会倾听，营造安全的氛围，让对方把所有信息都全盘托出。当了解对方的真实诉求之后，再来重新审视双方的利益需求。团队对话中，利益可以分为三种类型：不同利益、冲突利益、共同利益。不同利益的处理方式是交换，冲突利益的处理方式是博弈，而共同利益的处理方式是把蛋糕做大。而在跨部门的协作过程当中，利益往往是复合的，一次协作中，三种利益基本都会涉及，我们需要做的是将各种利益综合分析，然后分类处理。

在这次项目当中，陈北北要尽可能地让团队对话朝着双赢的方向进展。当团队对话遇到瓶颈，大家都不愿让步的时候，其实还有一种很好的方式——第三选择。

第一选择是"我的方法"，第二选择是"你的方法"，除此之外，还有第三选择——"我们的方法"，一种视角更高的、实现共赢的方法，即1+1>2。

实现第三选择的三个步骤，如下所示。

1. 确定对方是否有意达成更好的选择。如果对方有意，那就是一个好的开始。

2. 界定成功的标准。把双方的标准和诉求都列出来，达成共识的标准，有了标准才能确定目标和方向。

3. 创造第三选择。通过集思广益的方式，寻找新的解决方案。

总体说来，团队对话并不是非赢即输的争斗，而应当是平等交流、彼此尊重、合作共赢、相互联结的过程。抱着这样的心态，加之陈北北几轮的团队对话，总算让项目逐渐步入正轨。

融会贯通

1. 利益不等于立场，利益是对方内心真实的诉求，立场是他认识和处理问题时所处的位置和所持的态度，类似于"角度"。

2. 不同利益的处理方式是交换，冲突利益的处理方式是博弈，而共同利益的处理方式是把蛋糕做大。

3. 实现第三选择的三个步骤：

（1）确定对方是否有意达成更好的选择。如果对方有意，那就是一个好的开始。

（2）界定成功的标准。把双方的标准和诉求都列出来，达成共识的标准，有了标准才能确定目标和方向。

（3）创造第三选择。通过集思广益的方式，寻找新的解决方案。

一句千金

团队对话关注对方的内在需求与动机，

不是为了击败对方，而是实现双赢，做大蛋糕。

沟通视窗——让阳光照进来

随着陈北北团队对项目的跟进越来越深，跨部门沟通工作变得更加频繁和关键，老滴、阿度和张小团都向陈北北反映碰到了不同程度的沟通困难。

有人将工作的要求理解成指责，有人认为给他们分配的任务没有直属主管分配的任务重要，有人根本不参与讨论……为什么会出现这一系列问题？通过仔细观察，陈北北发现，问题出在沟通上。

授人以鱼，不如授人以渔。简单地告诉团队三人处理这次沟通问题的办法只能治标，不能治本，陈北北希望三人知其然，更知其所以然。这次陈北北要讲的工具是"沟通视窗"。

沟通视窗也叫乔哈里视窗（Johari Window），最初是由乔瑟夫（Joseph）和哈里（Harry）在 20 世纪 50 年代提出的，沟通视窗把人际沟通的信息比作一个窗子，这个窗子分成 4 个区域，如图 6-2 所示。

公开区——自己知道，他人知道

这个区域的信息是自己和别人都知道的，比如姓名、性别、外貌、身高等。当沟通的信息都在这个区域，双方才能达成共识。

隐私区——自己知道，他人不知道

在沟通中，我们可能会陷入这样的困境：我们觉得自己表达得很清楚，但是对方却一脸茫然。我们经常犯的错误是，认为有些事情很简单或者是对方应该知道的，就不会说得很详细，实际上对方可能真的不知道。核心解决技巧是，耐心、清楚、详细、形象地跟对方沟通。

图 6-2 沟通视窗

盲点区——自己不知道，他人知道

这个区域是我们自己认知中的黑暗地带，我们需要使用恳求反馈的方式，不断向他人提问，以获得真实的反馈。

未知区——自己不知道，他人不知道

这个区域是自己和他人都未知的区域，但也是潜力无穷的区域，最常使用的工具是头脑风暴，头脑风暴的使用原则是不打断、不评价，等所有建议都出现后再讨论。

在跨团队沟通中，要推动信息走进公开区，想办法扩大双方的公开区，从而真正实现跨团队合作。

如何扩大自己的公开区？有三种方式，一是将盲点区转化为公开区，请求他人指出自己的盲点；二是将隐私区转化为公开区，主动向他人讲述自己的故事、袒露自己的想法，让别人多了解自己；三是不断开发未知区，发掘自己和他人的潜能。

　　经过陈北北的引导以及老滴、阿度、张小团三人的努力，项目组发起了每周召开一次公开区扩大会的倡议，大家在一起讨论自己对项目工作的理解，对齐彼此的盲区，扩大彼此的公开区。没想到，他们与合作团队的合作氛围真的越来越好，团队配合度和默契度也得到了极大的提升。

融会贯通

1. 沟通视窗：

　　公开区——自己知道，他人知道；

　　隐私区——自己知道，他人不知道；

　　盲点区——自己不知道，他人知道；

　　未知区——自己不知道，他人不知道。

2. 如何扩大自己的公开区？

　　一是将盲点区转化为公开区，请求他人指出自己的盲点；二是将隐私区转化为公开区，主动向他人讲述自己的故事、袒露自己的想法，让别人多了解自己；三是不断开发未知区，挖掘自己和他人的潜能。

一句千金

通过沟通、反观、自省、开诚布公扩大公开区，

通过自我揭示建立信任缩小隐私区，

利用反馈减少盲点区，通过团队探索打开未知潜能区，

让阳光照进来。

情绪管理——做高情商领导者

下班回家的路上，陈北北还处于失神的状态，她一直在思考自己做错了什么？为什么对方会发那么大的火？陈北北始终想不通。

事情是这样的：陈北北在午休时间找到其他部门的一位同事沟通项目的对接事宜，陈北北本以为自己跟这位同事的关系还算不错，没想到对方越聊越不耐烦。陈北北察觉到对方的反应后有点蒙，以为是自己打扰到人家午休，便做了解释，没想到对方话锋一转，开始数落陈北北的工作态度。陈北北尽力克制自己的情绪，找了个理由赶紧结束了这次沟通。

这次有头无尾的沟通结束之后，陈北北完全不知道自己做错了什么，一整个下午都心烦意乱，无法集中精力工作，直到晚上回家，脑子里还在想这个事。

"谢谢小陌，没想到咱们家小陌还是情绪管理大师呢！"陈北北这次还真多亏了赵小陌的情绪梳理，让陈北北重新认识了情绪管理。

人的所有决策都是情绪参与的结果。人不可能只有积极的情绪，而没有消极的情绪，但是我们可以尽可能让自己处于一个健康的情绪区间。赵小陌就是用"情绪管理象限图"模型让陈北北认知情绪管理的（见图 6-3）。

第一象限，高能量付出，积极情绪。代表场景：激情演讲，很快乐，但是能量付出较多。

　　第二象限，高能量付出，消极情绪。代表场景：看恐怖片，情绪紧张，压力巨大。

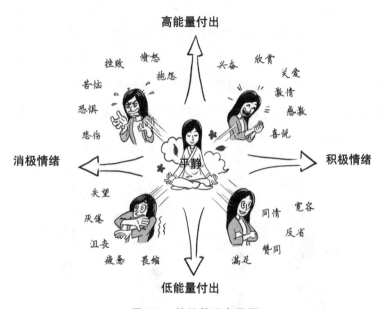

图 6-3　情绪管理象限图

　　第三象限，低能量付出，消极情绪。代表人物：林黛玉，多愁善感，忧虑多疑。

　　第四象限，低能量付出，积极情绪。代表人物：牧师或修女，内心平和，知情达意。

　　中间区域叫作平静：最适合养生的情绪状态。

　　理解情绪产生的不同维度之后，我们才能更有效地察觉情绪。

　　情绪的产生有三个阶段：往心里去了→体现在表情、动作、语气上→语言和行动的反应。我们经常说"控制自己的情绪"，如果只是在"语言和行动的反应"这个阶段控制，是非常低效的，因为在此之前已经有大量的情绪流出。有效的情绪管理要前置到认知和觉察环节去管理，在"往心里去"的环节就分析问题，正确认识遇到的挑战，才能保证"体现在表情、动作、语气上""语言和行动的反应"两个环节不失控。

　　我们可以通过"情绪管理 4A 法"（见图 6-4）做情绪管理，成为情绪的主人。首先，识别（Aware）和察觉自己与他人的情绪；然后接受（Accept）自己的情绪，理解情绪之间的复杂关系；分析（Analyze）情绪产生的原因，从而思考和解决问题；最后做出有效调整（Adjust），控制自己的情绪以及影响他人的情绪。让自己的情绪长期处于平静，既是情绪压力管理，也是个人健康管理。

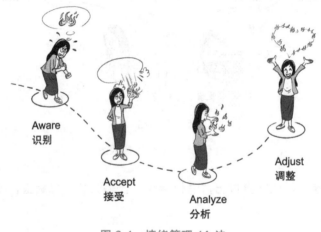

图 6-4　情绪管理 4A 法

　　情绪管理也是一种压力管理，对情绪进行前置管理，可以通过采取以下情绪健康计划。

　　1. 定期锻炼身体，最好是提高心率的运动，比如快走、游泳等。

　　2. 选择恰当的食物，均衡营养，避免摄入量大起大落。

　　3. 提升睡眠质量，睡眠是影响健康最重要的方面。

　　4. 找到可以倾诉的人，把事情说出来可以减轻压力。

　　管理好自己的情绪之后，还要能影响他人的情绪，这里给出五条建议。

1. 从自欺欺人到认清自我。

2. 从关注自我到关注他人。

3. 控制自己的情绪。

4. 提出问题并仔细聆听。

5. 保持谦逊。

所以，情绪管理从来都不是让我们压抑情绪。情绪是无法回避的，我们需要做的就是直面它，了解自己的情绪触发点，并提前做好准备。虽然做这些有些费时费力，但能够帮助我们在大脑中创建一些新的神经通路，使我们在以后遇到类似情形时能够冷静地进行自我疏导和管理情绪。

梳理完自身的情绪，陈北北决定试着去影响那位懊恼的同事，她给那位同事发了一条积极情绪的微信，没想到收到的居然是一大段道歉的话。

融会贯通

1. 人的所有决策都是情绪参与的结果。人不可能只有积极的情绪，而没有消极的情绪，为了保持情绪的稳定性，我们应尽可能让自己处于平静区。

2. 情绪管理 4A 法：识别（Aware）→接受（Accept）→分析（Analyze）→调整（Adjust）。

3. 情绪管理也是一种压力管理，对情绪进行前置管理，可以通过采取情绪健康计划：合理的健身、饮食、睡眠、倾诉等。

一句千金

情绪管理不等于压抑情绪；情绪是无法回避的，

做一个情绪的观察者与觉知者，不受情绪牵连；

感知他人情绪，理性回应。

现在团队的人员真不少，看起来年龄结构也很丰富嘛。

好处是方便新老互助，不过……

存在于代际之间的代沟也是挺明显的。

不同代际的同事之间应该怎么和谐合作呢？

当然是老员工管理指导新员工嘛。

这还有啥可问的。

可不能这么说哦，好像我们服管似的。

我不说话，我就呵呵。

而且好奇怪，要指导我们什么呢？

好为人师嘛。

咳咳，这就是代沟咯。这是团队的大问题，我要亲自来给你们讲讲。

有事短信联络。

代沟直接影响和谐沟通，不同代际之间常常是各说各话，鸡同鸭讲。

有事您@我。

不同代际之间的轨道差别，在于有不同的经历。

新生代的职场同事们，经历的是鼓励发挥个人天性的移动互联网时代，生活在触手可及的社交网络中。

所以，他们有更加平和的心态。鸡血是从来不打的，别试图用喊口号来激励他们。

同时也更追求公平合作。鸡汤是不要喝的，无谓的感情牌反而会起副作用。

现在站在新生代的角度上看，至少有三个方法可以弱化代沟的影响。

方法一：软化冲突

不急于暴跳如雷，给一点点缓冲的空间，就能产生大不一样的结果。

门打不开？直接就要点燃炸药？

等等，炸药挡着钥匙孔了。

看，门可以轻松打开的呀。

方法二：淡化权威

要认清形势，在当前社会的很多领域中，新生代有相当的权威，识别出这些领域，适当放弃自己在这些领域的话语权。

比如，我经常听不懂你们在聊什么，好多项目上的问题我也不如你们熟悉。

这种时候我就自觉消失，免得插不进去话，多尴尬。

方法三：强化边界

新生代虽然有很多优势，但是在职场上缺乏角色感，需要管理者来帮助他们梳理责任边界。否则，在他们自己一头雾水的时候，是没有人能够和他们沟通的。

在这种情况下，帮他们规划好路线，摆放上显著的标志，剩下的就是看着他们飞驰了。

这三个方法可以试着用用，好好练习吧。

和大为总的代沟感就没那么强。

以前一直以为是我自己比较老成。

现在才发现，原来大为总总结了这么多代际沟通的知识。

冬致

第七章

07 绩效管理

合理控制——不做甩手掌柜

　　立冬小雪紧相连，冬前把控最当先。陈北北团队新接的项目正在稳步推进中，老滴、阿度和张小团分别负责项目的三个关键模块，陈北北特意没有把自己安排进去，因为她有更重要的事情要做，那就是掌控整个项目的发展，避免项目失控。

　　控制的目的是将项目发展向好的方面调整，也就是对意外情况要能够进行调整。这需要陈北北全局思考，提前想好如何处理种种意外、设计控制逻辑，陈北北专门画了一条控制链以确保整个控制系统的稳定。

　　什么是完备的控制逻辑？陈北北举了一个例子，比如我们在设计一个活动时，担心无法考虑到所有的意外因素，便在规则最后写上一句：最终解释权归举办方所有。这就是使逻辑链条形成闭环，确保了整个控制系统的稳定。

　　合理控制体现在两个方面，不仅要获得团队认同（人的方面），还要控制项目的目标和执行（事的方面）。这个控制环节的核心不是侧重于管什么，而是关注控制的时间点，该管人的时候管人，该管事的时候管事，不要出现错配。如何判定先管人还是先管事呢？在目标明确的时候，要把注意力优先放在事上；在目标较为模糊的时候，要把注意力优先放在人上。

　　在人的方面，合理控制要考虑到三点。

　　1. 员工职业道德。明确员工可以干什么，鼓励员工做对的事情；明确员工不可以干什么，设立红线，从道德和行为层面把员工塑造成能做成事的员工。

2. 达成共识。在制定目标和执行过程当中出现问题或失控，很大程度上是因为团队事前没有对工作目标达成共识。

3. 控制和激励相辅相成。激励是动力，控制是压力，将两者在员工的工作中结合起来，才能最大限度地发挥作用。

在事的方面，合理控制要考虑到，在项目的不同环节使用不同的工具进行控制。

1. 控制目标。以终为始，保证各阶段目标的一致性。

从各个维度思考，先找出最适合各阶段的相应目标类型，可以是多个不同类型的目标，再确定具体的预期指标和结果，所有的阶段目标都必须建立在最终完成总目标的基础上，保证目标的一致性。

2. 控制计划。基于5W2H分析法，利用思维导图的形式，开展计划制订工作。

工作内容：做什么（What）——具体的工作目标、任务。

工作方法：怎么做（How）——采取的策略、实施方案。

工作目的：为什么做（Why）——行业背景、公司目标。

工作进度：什么时间做（When）——工作排期、期限。

工作场景：在哪里做（Where）——在什么地方进行各项任务。

工作分工：谁来做（Who）——各个岗位的职责分工。

工作指标：做多少（How much）——预算、指标数据。

3. 控制决策。用科学的态度进行理性决策，一方面是自然科学的态度，以事实、数据、真理说话；另一方面是社会科学的态度，以本质、人性说话，两者结合实现理性决策。我们可以使用"决策矩阵"工具，进行定量决策分析。首先找出要决策的问题（选择项），然后设计一些评价标准

（影响因素），再对每个选择进行评价打分，最后从若干个可行方案中选出
最优方案，如图 7-1 所示。

备选项	口味	价格	环境	综合
××火锅	7	7	6	6.7
××官府菜	8	1	6	5
××料理	5	6	7	
××牛扒	8	3	7	6

就这么愉快地决定了，
吃火锅！

图 7-1　决策矩阵（示范）

　　最后，需要注意的是，不仅要追求控制体系的完备，还要保证控制体
系的张力和弹性，以保护员工的创新精神和积极性。一切尽在掌握中，只
等秋收瓜熟蒂落，陈北北脸上露出了会心一笑。

融会贯通

1. 在人的方面，合理控制要考虑到三点：员工职业道德、达成共
   识、控制和激励相辅相成。
2. 在事的方面，合理控制要考虑到，在项目的不同环节使用不同
   的工具进行控制。
3. 不仅要追求控制体系的完备，还要保证控制体系的张力和弹
   性，以保护员工的创新精神和积极性。

一句千金

控制是一个过程，

一个不断地在计划与实施结果间发现差距、

制定并实施改进措施的过程。

最有效的、持续不断的控制不是强制，

而是触发个人内在的自发控制。

复盘——不重复交学费

经过 1 个月的奋战，陈北北小组顺利完成了项目。在这个过程当中也遇到了不少棘手的问题，比如找不到资料、人手不足等，最后能克服这些困难实属不易。

在新一周的经理会上，李大为对这次项目成果非常满意，公开表扬了陈北北小组，并希望陈北北能总结整理出这次项目的成功经验，供后续项目组参考借鉴。陈北北一听，觉得确实很有必要开一次项目复盘会，帮助大家回顾总结。

复盘本来是围棋术语，对弈之后，棋手们会把对局重演一遍，目的是发现自己的失误，理解对手的思路，研究最妥善的走法。很多围棋高手都把复盘当作棋力精进的重要法门。通俗来讲，复盘就是将做过的事重做，重新推演，从中总结成功的经验、失败的教训。

陈北北整理出来四个复盘的作用。

1. 不仅要知其然，还要知其所以然。

2. 传承经验，提升能力。

3. 不再犯同样的错误。

4. 总结规律，固化流程。

经过一番学习和思考，陈北北设计了本次复盘会的流程：回顾目标→评估结果→分析原因→总结经验，并且为了能让这次复盘会有效开展，她还制作了复盘画布（见图7-2）。

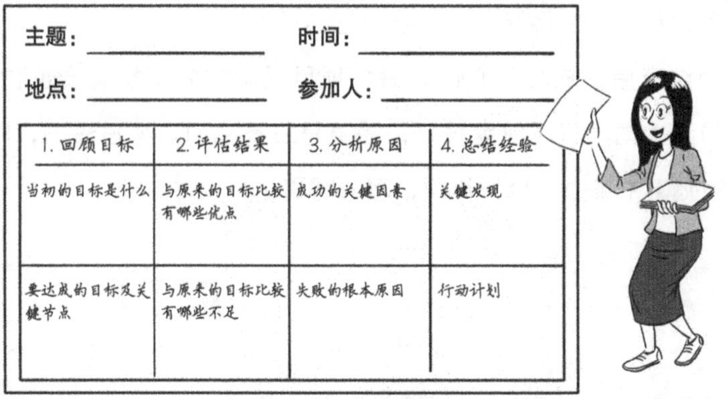

图 7-2 复盘画布

复盘会上，陈北北使用复盘画布系统性地对这次项目做了一次复盘。陈北北的充分准备，不仅让复盘会达到了预想的效果，而且让团队成员对"复盘"这种形式产生了浓厚兴趣。

趁着大家积极性高，陈北北在复盘会结束后，顺势给大家做了一个关于复盘的"小培训"。陈北北介绍道，常见的复盘可以分为两种类型：自我复盘、团队复盘。

自我复盘是可以随时进行的、结构化的自我反思，可以使自己获得成长。

团队复盘是多人参与并期望得出好结果的讨论会，可以使整个团队获得成长。

团队复盘刚才已经跟大家一同进行了一次，个人复盘其实也是一样的，同样是通过复盘帮助我们避免犯相同的错误，发现和产生新的想法和思路。

简单来讲，可以通过四个问题进行个人复盘。

1. 这件事的目标是什么？

2. 现在得到的结果怎么样？

3. 是什么原因造成的？

4. 我总结了什么经验? 下一步将怎么行动?

　　培训结束后, 陈北北心情大好, 项目顺利完成, 复盘会也收获颇多, 团队成员还主动学习了复盘技巧, 简直是三喜临门。冬日暖阳, 陈北北决定请大家喝下午茶去, 点杯热饮, 暖心暖胃!

融会贯通

1. 复盘的作用:

　　(1) 不仅要知其然, 还要知其所以然。

　　(2) 传承经验, 提升能力。

　　(3) 不再犯同样的错误。

　　(4) 总结规律, 固化流程。

2. 复盘讲求 "目标明确", 即从梳理最初的目标开始, 一路刨根问底, 探究造成结果与目标之间差异的根本原因是什么, 有什么反思、经验和体会, 可以说是一次目标驱动型的学习总结。

3. 复盘的流程: 回顾目标→评估结果→分析原因→总结经验。

4. 自我复盘是可以随时进行的、结构化的自我反思, 可以使自己获得成长。

5. 团队复盘是多人参与并期望得出好结果的讨论会, 可以使整个团队获得成长。

6. 复盘不要唯成败论, 要注重过程总结, 切记, 不要把复盘会开成批评会。

一句千金

不复盘的人持续用同一套动作,

却希望得到不同的结果;

复盘的人对经验善加利用,

形成新的工作方法论。

绩效评估——让卓越引领优秀

11月，公司的年终考核工作陆续开展起来，陈北北拿到绩效评估标准后发现，根据占比她的团队只有一个评"A"的名额。从团队三位成员一整年的表现来看，三人都是超预期完成各自的工作，并且"十一"黄金周的项目完成得也很出彩，这就让陈北北对这次的绩效评估感到有些为难。

绩效评估是组织工作中非常重要的内容。每个人都希望得到他人的认可，所以对绩效评估都非常重视，更重要的是，绩效评估的结果可能会影响到收入和晋升。如果获得"好评"还好，如果获得"差评"，员工可能会认为"不公"，进而产生消极情绪，甚至埋怨上级主管。

所以评估公平是非常重要的，管理者在进行业绩评估时，要尽可能客观地看待被评价者的当期业绩。正确使用绩效评估工具，能够在很大程度上避免评价偏误。

陈北北这次参考了人才盘点的经典九宫格（见图7-3），通过盘点团队成员的能力与业绩，找出"问题员工"和"潜力员工"，对有潜力的人才进行专项培养并给予高评价。

绩效评估是为了更好地调整团队，针对不同绩效的员工给予不同的帮扶手段，同时也是一种建立领导力和影响力的机会。所以，看得出陈北北对这次绩效评估格外重视。按照公司的绩效评估标准，陈北北为自己总结罗列了三方面的要点：绩效评估标准、绩效评估目的、绩效评估的注意点。

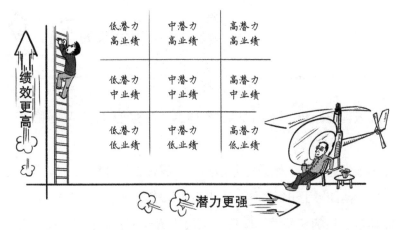

图 7-3　人才盘点九宫格

绩效评估标准：

可量化的、易懂的、可验证的、公平的和可达到的标准。

绩效评估目的：

1. 对业务，是阶段性工作复盘，保证业务方向的一致性。

2. 对组织，是提升员工能力，保证组织持续健康发展。

3. 回顾员工过去半年的表现、成绩与不足，帮助员工认知自我优劣势并进行调整，改进其未来的表现。

绩效评估的注意点：

1. 对每个人负责，保持帮助员工成长的初心。

2. 评价要公平、公正，问心无愧。

3. 团队中的每个人都要对结果负责任，不能只有过程，还要有结果。

4. 评价要全面，瑕不掩瑜，瑜不掩瑕。

经过一番深思熟虑，陈北北决定将 A 给老滴，激励最能干的核心成员。陈北北的理由是：一个团队的成长和水平，不是由团队的短板决定的，而是由团队的长板来引领的。

1. 绩效评估标准：可量化的、易懂的、可验证的、公平的和可达到的标准。
2. 绩效评估目的：保证业务方向的一致性，保证组织持续健康发展，帮助员工进行调整，改进其未来的表现。
3. 绩效评估的注意点：保持帮助员工成长的初心；评价要公平、公正；不能只有过程，还要有结果；评价要全面，瑕不掩瑜，瑜不掩瑕。

一句千金

绩效评估是为了回顾员工过往的业绩和提升员工未来的成绩，别用绩效评估代替平时的反馈。

绩效沟通反馈——着眼于未来发展

陈北北让大家分别和她预约进行绩效沟通反馈，每人至少一小时。对于绩效考核评分高的员工，沟通起来比较顺畅，重在激励与激发。对于绩效考核评分不高的员工，陈北北就准备得更有理有据一些，重在改进，毕竟绩效沟通是有目的的。

下午3点，会议提醒弹了出来，陈北北带着张小团走到她提前订好的小会议室，两个人靠着桌子相邻的两边坐了下来。这样的坐法是陈北北提前就考虑好的，两人既不会距离太远地对着坐，也不会距离太近地并排坐，而是成一定的角度，不远不近地坐着，既能够方便观察对方表情和动作，又避免了目光直接接触。

其实今天跟张小团的这次沟通，陈北北已经提前做了充足的准备和考虑，除了资料的准备和应对张小团可能反应的心理准备，陈北北给自己准备了一张面谈表——绩效沟通反馈八步法（见表7-1）。

表7-1 绩效沟通反馈八步法

步骤		内容
第1步	良好的开始	建立良好的谈话氛围，建立员工安全感
		说明本次沟通的目的，先分享团队绩效结果，再和个人对齐，接下来说明未来的发展和提升点，以及可以提供哪些帮助和辅导
第2步	提问，让员工先进行个人回顾	对自己工作的评价
		好的方面有哪些
		需要提升的方面有哪些

（续）

步骤		内容
第3步	客观描述员工的行为	描述具体的行为，避免概括和推理，包括管理者所掌握的（数据）、所观察到的（STAR事例），可以分享不同视角，如果员工没有觉察，说明这可能刚好是盲区
		综合来看，整体的结果是____，原因是____，解释行为对绩效产生的影响
第4步	给予肯定	真诚、具体地表扬员工
		肯定员工积极的行为
第5步	指出需要改进的地方，并达成共识	沟通确认员工需要改进的地方，不是告诉员工有问题存在，而是让员工意识到需要提升
		共同协商解决方案，确定改进计划的落实，引导员工自己说出解决问题的方案，让员工有足够的参与感，并提供支持和协助
第6步	以鼓励结束沟通	要有一个好的收尾来结束谈话，告诉员工如果需要资源和支持请务必告诉管理者
第7步	书面记录	记录重点信息、员工认同及不认同的地方、达成的共识、员工需要的支持及协助
第8步	监督执行	确保改进计划按进度开展

绩效沟通反馈五大原则：

1. 维护自尊，增强自信。

2. 仔细聆听，表示同理。

3. 寻求帮助，鼓励参与。

4. 分享观点，传情达理。

5. 给予支持，鼓励承担。

绩效沟通反馈的目的：

1. 对员工的表现达成双方一致的看法。

2. 使员工认识到自己的成就与不足。

3. 制订绩效改进计划。

4. 协商下一个绩效管理周期的目标。

陈北北知道，绩效沟通反馈不是告知员工，更重要的是激发员工，甚至这次沟通对她自己也是有正面作用的。

绩效沟通反馈对管理者的作用：

1. 帮助下属提升能力。

2. 了解下属的工作情况和进展。

3. 客观公正地评价下属的绩效。

4. 提高考核工作的有效性和下属的认可度。

5. 提升管理能力。

绩效沟通反馈对员工的作用：

1. 得到自己绩效的反馈信息。

2. 及时了解组织的重要信息。

3. 及时得到相应的资源和帮助。

4. 发现不足，确立改进点。

除此之外，良好的绩效反馈沟通还能促进双方建立信任、提升员工满意度、帮助建设更有效率的团队。

基于绩效沟通反馈八步法和五大沟通原则，陈北北与张小团的 1 个小时绩效沟通反馈结束后，张小团不仅没有因为绩效评分不高而感到失落，反而充满了斗志。

融会贯通

1. 绩效沟通反馈步骤：

（1）选择合适的时间，最好是双方都有空闲的时间，可以轻松沟通。

（2）选择安静的场地和成一定角度的座位。

（3）提前做好资料准备和心理准备。

（4）绩效沟通反馈八步法：良好的开始→提问，让员工先进行个人回顾→客观描述员工的行为→给予肯定→指出需要改进的地方，并达成共识→以鼓励结束沟通→书面记录→监督执行。

2. 绩效沟通反馈的目的：就成就与不足达成共识、制订绩效改进计划、协商下一个绩效管理周期的目标。

3. 良好的绩效反馈沟通，不仅对管理者和员工有帮助，还能促进双方建立信任、提升员工满意度、帮助建设更有效率的团队。

4. 运用绩效沟通反馈的五大原则，可以确保员工的个人需求得到满足，并让他们感到被重视、被尊重和被理解。

一句千金

引导员工认知自己，

要将绩效沟通反馈定位成员工发展谈话（构建辅导文化），

而不仅仅是对评估结果达成共识或与薪酬相关的谈话。

"复盘"，是一个围棋术语，碰巧我也会一点点围棋。

在研究棋局的时候，常会使用复演每一步动作的方法，来检查一招一式的优劣和得失。

我觉得这一步应该这么走。

你是要五子连珠吗？

人生如棋，职业生涯也是一样。

在职业发展中，每一步都可以借鉴复盘的方法。

对工作中的行动和选择进行回放，反复琢磨思考。

针对不同的人群，复盘的目的是不一样的。同样的操作，在不同层级的梯队中可以发挥不同的作用。

基层，可以用它来剖析业务问题。

我都看不懂，应该不是我写的。

这个功能模块有问题吧？

我啥也没写过，一定不是我。

中层，可以用它来思考团队和人才。

一线经理管理能力不足，领导力的培训应该更多一些。

高层，可以用它来协调资源，协同创新。

神秘的大老板

这杆，值50亿元融资。

具体来说，管理上的复盘可以被总结为一套结构化方法，也就是一套简单的执行步骤，就像是……

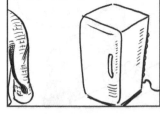

第一步：打开冰箱。

第二步，装进大象。

第三步：关上冰箱。

就这么简单！

复盘第一步：回顾目标

回忆一下，当初的项目目标清晰吗？是否达成了共识？是否有明确的项目执行计划？

哪个项目？

如果感觉当初没有目标或者目标不清晰，可以使用 SMART 原则。

这是个趁手好工具，要经常用，别把它束之高阁了。

S：具体的 (Specific)

M：可衡量的 (Measurable)

A：可实现的 (Attainable)

R：有相关性的 (Relevant)

T：有截止日期的 (Time-bound)

复盘第二步：评估结果

评估的时候要客观、完整！注意不要报喜不报忧。

这样造假可不行！请客观回答四个问题。

做得好的地方
在哪儿？

还是
射中了
一次的。

遇到的困难是什么？

拉不动。

哪里可以改进？
怎么才能
拉得动呢？

最终的提升是什么？

发现了个
趁手的工具。

复盘第三步：分析原因

在这个过程中，我们可以借助韦斯伯德六盒模型，把导致问题的核心原因分为六个类型。

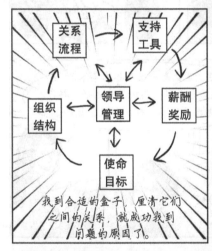

找到合适的盒子，厘清它们之间的关系，就成功找到问题的原因了。

所有的问题，都能放到这六个盒子中的一个或者多个里去。

但是注意！
千万别把所有问题都放到同一个盒子里。

实际工作中可从来没有单一原因造成的问题，问题总是盘根错节。我们要深入探索才行。

复盘第四步：总结经验

看看整个复盘过程中是不是找到了影响事情发展的关键点。

08 第八章
人员激励

非物质激励——不花钱的胡萝卜

感恩节，陈北北给团队里每个人都写了感谢贺卡，并准备了手工制作的小点心，放在大家的工位上。回想这一年里，陈北北利用了每一个节日制造充满仪式感的小惊喜送给大家。正巧在这一天，陈北北接到了一个"有意思"的任务，李大为让陈北北在下周的经理例会上，给所有参会的团队经理做一个分享，主题是：如何激励团队。

作为团队的新管理者，陈北北在这一年里把团队建设工作做得有声有色，同时带领团队取得了超预期的业绩，这也是李大为让陈北北做分享的原因。陈北北为下周的分享整理了一篇手稿，正文如下。

作为一名管理者，如果想要员工充满热情地努力工作，必须要对员工进行有效的激励。人的所有行为都在受着某种激励，而激励背后最根本的因素是动机。

所以，想要有效激励员工，首先要了解每个人的动机，再给予最适合的激励方式。

在这里，可能我们马上能想到的激励方式就是金钱。金钱确实是有效的激励工具，但是当员工产生高层次的需求时，金钱的作用就会十分有限。因此，作为一名优秀的管理者，我们不能把金钱作为唯一的激励方式，否则员工会把全部注意力都放在金钱报酬上，而不再关注其他的需求。

接下来我将结合近一年的工作实践，跟大家聊一聊我所做的非物质激励，今天主要跟大家分享八种激励方式。

第一，沟通与倾听。

我把激励放在日常工作当中，而不是某一个具体的时间节点。当我发现团队成员有情绪问题时，我会主动沟通。像张小团在我们团队年龄偏小，偶尔会因为项目讨论上的分歧和团队协作过程中的沟通，事后自己跟自己较劲，好在她的情绪都写在脸上，我看到之后，会主动找她聊，既是帮她厘清思路，也是激发她的工作热情。

我会做团队成员负面情绪的搬运工，先解决情绪，再解决问题，让他们积极地投入工作。

第二，尊重。

我会给所有团队成员话语权、参与感，鼓励他们的不同想法，认真听取他们的建议，并表示感谢。现在我们团队的每一次会议，氛围都非常热烈，经常会出现意想不到的创意和新想法，最重要的是这些好想法是他们提出来的，所以在执行的时候他们有主人翁意识。

同时，我会做到对大家一视同仁，分配任务和利益时没有远近亲疏之分。

第三，信任。

交给团队成员的工作我会充分授权，并在他们遇到困难的时候耐心辅导，我就是通过这两个动作来表达对他们的信任的，我发现这样做不仅能帮助他们成长，还能节省我大量的时间。团队成员被充分信任，拿出来的工作成果更有可能会超预期。

第四，赋予工作意义感。

在布置工作的时候，我并不是简单地抛出一个任务，而是会在布置完任务后，给团队成员设定具体的、有挑战性的工作目标，当他们愿意接受这个工作时，就会引发他们内在的激励——承诺和工作责任，从而产出高绩效。

第五，及时当众表扬。

在表扬一个团队成员的时候，我会考虑到其他团队成员的心态，让表扬有理有据、发自内心，并且保证公平公正。每个人做对和做好事情的时候，我都会及时在有第三方的情况下表扬。这种方式对资深员工同样有效，比如在老滴做出成绩的时候，我会尽可能在大为总在场的时候当众表扬老滴，可以看出来，这种方式能给老滴带来很强的激励效应。

第六，激发荣誉感。

我给每一个团队成员都起了一个响亮的头衔，老滴是我们团队的"技术大神"，阿度是"宝藏男孩"，张小团是"智多星"，并且现在临近年终，我正在给他们每个人写书面表扬的贺卡，等到放假前我会亲手给他们。

第七，情感激励。

有句老话说：士为知己者死，女为悦己者容。

为了营造一种融洽的团队氛围，我组织过很多团队活动，比如KTV唱歌、海底捞聚餐、爬香山拍照。到了某些特定节日，我还会给团队成员准备小礼物，或者在微信群发红包。我记得每一个团队成员的生日，并会给他们准备生日礼物。说到生日，我的团队成员今年给了我一个超大的惊喜，今年的生日是我至今最难忘、最感动的一个生日。通过日常的情感交流，一点一滴营造融洽的团队氛围，这将会形成一种强大的激励。

第八，以身作则。

通过成为团队成员的榜样，来帮助他们树立目标与理想。以身作则的最佳途径之一是始终保持对团队成员的积极态度。激励团队成员的第一件事情，就是做好自己，以身作则。

就像大家所看到的，当我在日常工作中这么做时，我的团队回报我的方式就是倾尽全力地工作。

1. 想要有效激励员工，首先要了解员工的动机。
2. 非物质激励的八种方式：沟通与倾听、尊重、信任、赋予工作意义感、及时当众表扬、激发荣誉感、情感激励、以身作则。

一句千金

当一个人倾尽全力地工作时，

他一定有金钱之外的收益：

有意义的工作 + 团队氛围 + 个人价值体现。

物质激励——给火车头加满油

临近12月，大家手上的项目即将收官，整个团队洋溢着轻松、愉悦的气氛，陈北北却发现有一个人有些不对劲。原本团队当中最积极活跃的张小团，现在开会不怎么说话了，甚至一周里发生了两次迟到，心思细腻的陈北北决定找她好好聊一聊。

经过陈北北耐心的引导，张小团说出了原因。张小团很清楚自己这段时间状态很不好，主要是年终奖的苦恼，她希望有更多的奖金，但是从团队其他人的贡献程度来说，希望又不是很大。想着"会哭的孩子有奶吃"，也许可以找机会跟陈北北争取一下，但是这一年陈北北对团队的付出大家有目共睹，整个团队都因陈北北的到来呈现蒸蒸日上的趋势，张小团便不好意思因自己的事情给陈北北添麻烦。随着发奖金的日子临近，张小团也显得愈发焦虑，在北京生活成本高，自己的工资水平却一直上不去，就盼着这次年终奖了。张小团内心非常纠结，甚至萌生了年后换工作的想法。

经过陈北北的疏导和安抚，张小团情绪平复了许多，同时也因陈北北最后的一句话，重新产生了动力。陈北北说："为苦劳鼓掌，为功劳付钱。小团，你要相信，你的付出和成绩大家都能看到。"

激励这件事是陈北北一直都有意识地在做的。激励就是发现需求，满足需求的过程。美国著名心理学家亚伯拉罕·马斯洛认为，人有两类需求，一类是生物属性带来的低级需求，另一类是进化后带来的高级需求，两类需求叠加就形成了著名的"马斯洛需求模型"(见图8-1)：生理需求、安全需求、社会需求、尊重需求、自我实现需求。

图 8-1 马斯洛需求模型

在管理过程中，五个层次的需求并不是依次出现的，它们同时存在，只是不同阶段的强烈程度不同，要视员工需求的不同阶段采取相应的激励手段。对于刚毕业不久的张小团来说，最迫切的需求其实就在生理需求和安全需求这两个层次。

尽管很多人认为物质激励的方式太过简单粗暴，但物质往往是激励员工最有效的工具。

物质激励分为短期物质激励和长期物质激励，短期物质激励最主要的是薪酬，薪酬为员工提供了一种基本保障，能给员工安全感，并且也是员工能力和价值的衡量标准，可以激发员工的工作热情。

　　天下熙熙，皆为利来；天下攘攘，皆为利往。陈北北知道员工的物质激励是最不应该去回避的管理事项，所以，对于这次团队成员的年终奖分配，她会结合大家今年的业绩和工作表现认真对待，如有必要，她还会找李大为进一步沟通。

　　此外，只有以短期物质激励为基础，长期物质激励才能发挥出三大作用。

　　1.建立公司跟员工的长期关系，长期激励可以长期保留人才。

　　2.增强员工的主人翁意识，员工与公司建立长期积极的关系，与公司共同成长。

　　3.促进员工绩效持续成长，让企业的长期回报与员工个人绩效形成关联。

　　12月年终奖分配工作完成之后，陈北北跟所有团队成员进行了反馈面谈，最让她印象深刻的是，当张小团得知最终的年终奖结果，眼神里有一道光亮了。

融会贯通

　　1.激励就是发现需求，满足需求的过程。

　　2.马斯洛需求理论的五个层次需求：生理需求、安全需求、社会需求、尊重需求、自我实现需求。

　　3.马斯洛需求理论五个层次的需求并不是依次出现的，它们同时存在，只是不同阶段的强烈程度不同，要视员工需求的不同阶段采取相应的激励手段。

　　4.只有以短期物质激励为基础，长期物质激励才能发挥出作用。

一句千金

最有效的激励来自每个人的内心需求，

每个员工都有独特的目标、经历和性格，

要采取正确的方式激励他们，最大化肯定每个人的贡献。

没有绝对的公平，但应该尽力保证相对的公平。

负向激励——刚柔并济

从上周开始，陈北北团队今年的项目就全部收尾了。距离过年还有一个月，辛苦了一整年，陈北北也想着让大家在年前轻松一点，接下来就筹备今年的工作总结和明年的工作规划工作坊吧。

"好的，大为总。"陈北北刚刚接到李大为的电话，李大为让她立刻去会议室找他。

"这么突然，总不会来活儿了吧？"陈北北心想。

会议结束后，陈北北并没有马上出来，而是继续在会议室里坐了半小时整理思路。

回到工位后，陈北北立即组织团队成员开会。

"老大，这也太赶了吧？""北北姐，你不是开玩笑吧？""北北，这个难度确实不小呀。"团队三人都看着陈北北。

陈北北说："现在我不是跟你们商量干不干，我是在跟你们商量怎么干，这个项目很重要，公司也要得很着急，必须要在过年前完成，现在距离过年还有一点时间，咱们抓紧讨论方案。"

在陈北北的带领下，团队又进入了忙碌的状态。

不过跟之前的团队工作状态相比，现在是问题不断、麻烦不断，陈北北也知道问题所在：人还在，心已经在想着过年了。看了一眼项目甘特图，陈北北知道自己应该做些什么了。

前段时间多次受到表扬和褒奖的团队，现在却状况百出，很明显是心态问题导致的。这一次陈北北决定使用负向激励，好好敲打敲打他们。

负向激励就是通过对员工的错误行为和不当预期，进行必要提醒，通过负向刺激来遏制错误行为，从而引导正确行为。

负向激励的方式有提醒、批评、惩罚。程度从轻到重，提醒可以起到防微杜渐的作用；批评和惩罚在态度上就更加严厉了。管理者通过正向激励来引导员工，通过负向激励来促使员工及时改进。一般来讲，负向激励使用难度高于正向激励，在合适的场景下，负向激励可以发挥巨大作用。

陈北北为了彻底激发团队成员全力投入此次项目，使用负向激励做了两件事。

第一件事是，开展了一次夜间学习会，这次学习会通过案例学习的方式开展，陈北北一改常态，有理有据、实事求是地指出团队三人的态度、效率、工作质量问题。面对陈北北恨铁不成钢的举证，阿度和张小团当场就表示要改过自新，一定不辜负陈北北的信任和期望，老滴也被陈北北列举的铁证羞红了脸，特别不好意思。

这里需注意的要点是，正向激励是不吝惜表扬，要把大表扬拆成多次小表扬，以实现持续正向激励。但负向激励时，则要减少不痛不痒的小批评，学会通过一次次触及灵魂的拷问，让员工反思、反观、反省，以实现有效的负向激励。

第二件事是，陈北北找李大为要人，一是为了赶进度，二是为了产生鲇鱼效应。陈北北特别向李大为申请了调一名资深高工到自己团队，大米是公司老员工，跟老滴一样是技术高手，年龄也比陈北北大。早在之前的应届生离职之后，李大为就表示要从公司内部调人给陈北北，陈北北一直没有明确回应，这一次陈北北终于想好了自己需要增加什么样的团队成员。通过引进大米这样的优秀人才激活原有员工的活力，产生一石激起千层浪的激荡效果，这就是鲇鱼效应，实质也是一种负向激励，是激活团队的方式。

大米的到来，受到刺激最大的其实是老滴，这对于老滴既是压力也是动力，陈北北充分利用同级压力来提升老滴的能动性。

陈北北双管齐下，很快让团队进入了高效健康的工作状态。

融会贯通

1. 管理者通过正向激励来引导员工，通过负向激励来促使员工及时改进。

2. 通过负向激励，激发团队的羞愧感、责任感，从而使团队知耻而后勇。

3. 正向激励是不吝惜表扬，要把大表扬拆成多次小表扬，以实现持续正向激励。但负向激励时，则要减少不痛不痒的小批评，学会通过一次次触及灵魂的拷问，让员工反思、反观、反省，以实现有效的负向激励。

4. 鲇鱼效应，实质是一种负向激励，是激活团队的方式。

一句千金

表扬人要"小步快跑，具体而真实"，

批评人要"一步到位，客观举证"。

高绩效人人都想要。
员工绩效高，团队成绩就好，大家都开心。

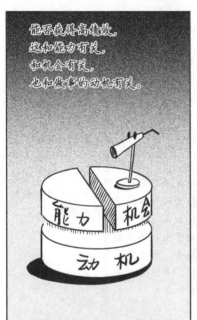

能否获得高绩效，
这和能力有关，
和机会有关，
也和做事的动机有关。

其中，能力往往最受重视。
绩效高的时候就归功于自己的能力。

完全是我能力
出众使然。

机会也经常被重视，
绩效低的时候就会抱怨缺少机遇。

距离撬动地球，我
只缺少一个支点。

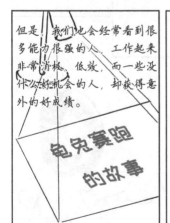

但是，我们也会经常看到很
多能力很强的人，工作起来
非常消极、低效，而一些没
什么好机会的人，却获得意
外的好成绩。

龟兔赛跑
的故事

这其中的原因，就在
于最应该被重视的因素——
"动机"。

我准动机，获得
激励的人，自然会对
内提升能力，对外
开拓机会。

动机是一种心理驱动力，驱动人们快速作动。

有效驱动下的汽车，风驰电掣！

消极怠工的员工，就像是趴窝在路上的车，没油了，在心理上失去了动力。

每个人的动机水平可以大致分为五个等级，我们先来看看，它们各自有什么样的显著特点。

正强动机

最好的情况是"正强动机"，乐于付出，并且是全力付出，而且可以做到自我激励。

正弱动机

动机水平从"正弱动机"开始变成正向，这时开始有主动的正面思考，会尝试表现，希望得到同事的肯定。

零动机

大部分人会是"零动机"，按部就班地做分内的事，朝九晚五，不多干也不少干，这种状态没有主动性，能贡献的价值很有限。

负弱动机

稍好一点的叫"负弱动机"，出工不出力，避免承担责任。虽然不坏事儿，但是也不产生任何贡献，就像个隐形人。

负强动机

最差的情况叫"负强动机"，排斥和抗拒工作。不但不能正向推进工作，还时刻唱反调，成为阻力，耽误大家的事情。

现在就来评估一下自己和身边的同事，看看是属于哪种动机水平吧！

当然，大家都希望具有正强动机，这没那么容易，但也不是没有办法。

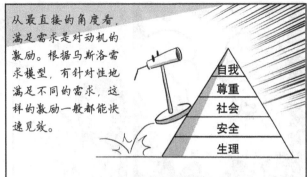

从最直接的角度看，满足需求是对动机的激励。根据马斯洛需求模型，有针对性地满足不同的需求，这样的激励一般都能快速见效。

自我
尊重
社会
安全
生理

但是要准确把握人们的需求，就得仔细分析每一个人，了解每一个人。

稍微高级一点、通用一点的做法呢，是调整预期。

看，那边的山多高！风景一定很好！

不是说不要这山望着那山高吗？

预期是人们对自己的行为可能产生结果的预测，如果预测结果好，就会积极去行动。

别拉我！我要去！

如果预测结果不好，自然就会消极甚至抵制。

别拉我！我不去！

最高级的做法是调和个人与公司的价值观。公司认为有价值的事情，员工也同样觉得有价值。

上下一条心，人人都具有可以自我激励的正强动机了。

越高级的方法越难实现，实际操作中以分步展开为好。

第一步，从满足大家的需求入手。

第二步，慢慢尝试调整团队和个人的预期。

第三步，最终实现统一价值观。

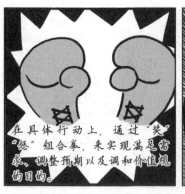

在具体行动上，通过"奖""惩"组合拳，来实现满足需求、调整预期以及调和价值观的目的。

这套组合拳的拳法秘籍，

其实只有两句话。

惩罚坏的行为。

奖励好的结果。

对于行为和结果，可以画一个九宫格，根据自己团队的情况来划定奖励区域和惩罚区域。

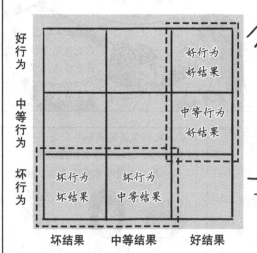

好行为　中等行为　坏行为

		好行为 好结果
		中等行为 好结果
坏行为 坏结果	坏行为 中等结果	

坏结果　中等结果　好结果

好行为 好结果	奖励区
中等行为 好结果	

例如在这张图的策略里，其中奖励区域表示，对于好的结果，只要不是错误行为带来的，都应该给予奖励。

惩罚区	
坏行为 坏结果	坏行为 中等结果

而惩罚区域表示，对于错误的行为，就算没有造成损失，也要进行惩罚。

这些奖励，短期是满足需求的，像是给车加满油。

长此以往，会变成对预期的调节，好比新建了好多加油站，覆盖范围广，随时有油加。

久而久之，就调和了个人与企业的价值观，这时就像是建好了从原油采集到生产销售的产业链，从此动力十足，并且长期有效。

09 第九章
变革管理

拥抱变革——变革始于个人

李大为把陈北北叫到办公室，告诉陈北北一个犹如晴天霹雳的消息：干部调动及轮岗是公司下阶段非常重视的工作，公司将做一次变革调整，将李大为调到其他部门。

感受到陈北北的心情，李大为说道："北北，这件事对你来说也是件好事，是独当一面历练的机会，在这个快速变化的时代，我们要学会拥抱变化，接受变革。从变革发展的角度来看，这是新的开始；从人的角度来看，这是发自内心的舍弃和放下过去。这个转变会花费更多的时间，这个过程我们可能看不到或者自己都难以觉察，但组织变革离不开个人变革，持续的成功首先来源于变革个体，个体变革带来组织变革。变革失败往往是因为员工忽略了一点，那就是他们需要先从根本上改变自己。在所有的组织变革中，有一半是失败的，不是因为高管层没有起到模范作用，就是因为员工一成不变。换句话说，尽管已经设定了变革目标，但是员工行为还是跟以往一样。不少企业把变革仅仅停留在纯粹的工具和方法层面，忽视了人本性难移的问题。我希望你可以尽快接受这个事实，调整好心态，迎接新的岗位和上级。"

这一年里，每当陈北北遇到难题和挑战，李大为都能第一时间提供有效的支持和辅导，这一次沟通，李大为决定对陈北北进行个人变革的辅导。李大为拿出一张白纸，画出一条曲线，向陈北北展示"个人变革曲线"（见图 9-1），并介绍个人变革的表现（见表 9-1）。

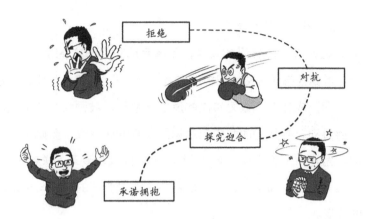

图 9-1　个人变革曲线

表 9-1　个人变革的表现

拒绝 短期对外表现	对抗 短期对内表现	探究迎合 长期对内表现	承诺拥抱 长期对外表现
将变革视为负面事件，大声说出有关变革的负面意见或重复质疑变革 努力展现变革是不必要的、不可能的或不可接受的 面对困难的变革时，打击或抗拒改变 想着：抗拒变革	将变革视为不可控制与不期望发生的事件 被动接受变革，但执行时进度不大或毫无进展 关注维持不变的部分，而不是承认变革 尊重传统与既有的做法 想着：忽视变革	将变革视为正面但无法管理的事件 对于变革感到不安，但基于对相关成员的忠诚而顺应变革 认为变革是不可避免的，只有接受 不发起变革，但也不抗拒变革 愉快地面对困难的变革，但通常采用旧方法而不尝试新方法 想着：只是与变革共处	将变革视为正面且可管理的事件 主动发起变革 将变革视为持续的。努力将变革融入日常工作 面对困难的变革时，积极尝试新方法 自在面对风险与不确定性 想着：我对变革充满期待

　　"北北，你思考一下对于上级转岗这一变革，你处于变革曲线的哪个阶段。首先我们要接受自己当下的状态，然后进行调整。"李大为想要告诉陈北北的是，面对个人变革首先要做到的是升级自己的认知，有意识地看到自己的现状，找到自己的位置，从而实现认知升级。"通过提升认知，你将更加清晰地认识这个世界，看清这次变革的根本原因，从而更好地适应、

拥抱、接受。"李大为补充道。

　　陈北北追问李大为转岗的背景，了解目前正在改变的事情及其缘由，从而重新获得掌控感（调整到积极的态度与看法）。与李大为沟通之后，陈北北询问了团队成员对李大为转岗的反应与感受，鼓励大家未来快速适应新老板和新方向，并帮助团队成员意识到变革的必要性，激励他们采取必要的行动。因为个人变革方能推动组织变革，而成功变革的关键不是信息、通信、流程等系统，而是人，人才是核心，组织变革的成功与否取决于每个个体的改变。

融会贯通

1. 了解自己处于变革曲线的哪个位置：拒绝、对抗、探究迎合、承诺拥抱。
2. 管理者要先进行个人认知升级，理解变革背后的逻辑，才能带领团队拥抱变革。

一句千金

组织变革离不开个人变革，推动个人变革、

引领组织变革的能力，是在不确定中胜出的能力。

组织变革——成功适应变化

距离李大为调走的日子越来越近，陈北北的个人变革曲线也完成了从"探究迎合"到"承诺拥抱"的过渡。

李大为把陈北北叫到办公室："北北，公司决定让咱们事业部做一次变革调整，会涉及人员架构、业务分配及流程，期望通过变革让公司整体运行更高效。此次变革调整涉及的很多模块都是你一砖一瓦搭起来的，所以还是需要你这样有经验、熟悉全流程的经理来带领完成变革，而且你上任以来这一年的表现让人刮目相看，所以我更希望由你来负责这次变革项目，在你们部门试点。你愿意接受这个挑战吗？"

陈北北深知变革对公司、部门的重要性，便郑重地接下了重担。陈北北接下来会用一周的时间设计一份组织变革方案交给李大为，方案通过之后再落地这次变革项目。

变革不是一蹴而就的，都会经历一系列阶段，完成所有阶段需要相当长的时间。变革过程中，员工会持有不同的态度：拒绝、对抗、迎合、拥抱。从人性的本质来说，面对全新且未知的变革，人们会在初期表现出不同程度的抗拒（见表9-2）。管理者需要识别每个员工的状态，采取不同的应对方式，帮助员工拥抱变化，调整心态。

表9-2　不同程度的抗拒

	初级抗拒	中级抗拒	重度抗拒
表现	"我不理解……"客观的、心理上的抗拒	"我不喜欢它……"非理性、情绪上的抗拒	"我不喜欢你……"价值观分歧、对人的抗拒

（续）

	初级抗拒	中级抗拒	重度抗拒
应对方式	说明目前正在改变的事（What）及其缘由（Why）	征求各方反应（Reactions）与感受。表示同理，给予支持	将潜在矛盾显性化，重塑信任，开诚布公地进行沟通，让团队重新获得掌控感（Control）

陈北北以约翰科特的变革理论为基础，在跟李大为多次沟通之后，制作了一张行动指南（见表9-3）。

表 9-3　变革行动指南

步骤	行动	常见问题
一、明确对现状的不满，走出舒适区	1. 考察市场和分析现状，寻找机会，迎接挑战 2. 说服团队走出舒适区，让他们相信变革充满希望 3. 让成员意识到存在的问题，变革的必要性、重要性，让变革显得势在必行	1. 低估团队走出舒适区的难度 2. 高估风险而不改变行动
二、打造变革领导团队，建立同盟	1. 确保高层、权力足够大的人员加入同盟，引领变革 2. 鼓励打破阶层束缚，给予变革团队指导和支持	1. 高层不支持、不重视 2. 指导变革的全部来自职能部门，而没有高层和业务部门的人
三、创建变革愿景	表现出强有力的决断力，以及对愿景的希望与信心（有效的愿景具备战略意图明确、简单易懂、切实可行、目标集中的特点）	愿景过于复杂或不明确
四、沟通愿景，寻求认同	1. 用简单的说法说明，尽量少使用专业术语或技术术语 2. 反复沟通，至少7次沟通才能让内容扎根于受众心里 3. 管理者以身作则、实景模拟演练 4. 利用会议、多媒体、内部网等不时地向人们提醒组织的愿景 5. 双向交流比单向交流更有效	1. 愿景没有得到传播 2. 管理者行为与愿景不符
五、授权行动，迈出明确的第一步	1. 对于阻碍变革的管理人员，可通过调整工作内容削弱其抵触行为的影响 2. 设置与变革一致的绩效评估及奖励制度，让变革的支持者感受到决策层对变革的支持 3. 鼓励冒险、反传统的想法、行动，以破除对固有观念的追随 4. 提供必需的培训给那些担心因能力不足而观望、阻碍变革的成员	对拒绝变革的人，没有采取行动消除其负面影响

（续）

步骤	行动	常见问题
六、保障早期成功，创造短期成效	1. 确定有成功希望的重点工作，让尽可能多的人看到成效 2. 利用早期成功的机会引入新的行为 3. 列出短期内能完成的所有任务，评估所需的时间、人力、物力投入，从中选出简单易行又较为重要的任务作为第一目标 4. 大张旗鼓地表扬、奖励有功人员	1. 能否取得早期成功全凭运气 2. 没有及时取得阶段性成功
七、扩大影响，深化变革	1. 利用早期成功项目的影响，调整与变革愿景相冲突的系统、结构、政策 2. 提拔或任命能帮助变革成功的优秀员工，并让他们负责关键项目	过早宣布胜利
八、建立规范，明确制度，巩固成果	1. 明确新规范和变革成功之间的关系，按照新规范明确制度 2. 让大家不断看到组织变革的阶段性成果 3. 改变与变革愿景不匹配的系统、结构、制度 4. 招聘、提拔或培养能够达成变革愿景的员工 5. 高层坚持不懈地向全员传递新的愿景和目标，使员工形成致力于同一目标的意识和精神 6. 通过新方案、新主题和新变革推动者给变革流程注入新活力	1. 没有建立新的行为规范 2. 没有选出能体现新规范的管理者

变革并不容易，因为变革无论是针对个人还是组织，都会让变革对象产生巨大的不确定感和不安全感。没有一个深思熟虑和考虑周全的行动指南，想要成功引领变革很难。

陈北北召集大家开会讨论，先交代变革的背景，并要求自己不带着既定方案，避免一言堂。让团队成员提出不同的改善方案，进行头脑风暴，集思广益，当大部分成员都认可是最优方案时再敲定。

没有经过团队主要成员认可的变革方案，仓促推出来，实施时必然会遇到阻力。大家可能只是初期勉强配合几天，实际并没有走出旧意识和旧行为的惯性，因为最初大家并没有充分认识到变革的必要性，也没有认为自己是项目变革的主人，而是把一切都归结为老板一人的行为，自然很难推动项目的变革。

　　当方案确定后，由积极的成员带动相对不配合或消极的成员来共同推进。收获短期成功后及时地在内部进行分享激励，充分展示群策群力的优势，提升大家的参与感，这也会再一次树立管理者的权威，提升领导力。

融会贯通

1. 在变革过程中，员工会持有不同的态度——拒绝、对抗、迎合、拥抱，作为职业经理人需要判断每位员工的真实状态，帮助员工拥抱变革，调整心态。

2. 引领变革的八个步骤：

（1）明确对现状的不满，走出舒适区。

（2）打造变革领导团队，建立同盟。

（3）创建变革愿景。

（4）沟通愿景，寻求认同。

（5）授权行动，迈出明确的第一步。

（6）保障早期成功，创造短期成效。

（7）扩大影响，深化变革。

（8）建立规范，明确制度，巩固成果。

一句千金

唯一不变的就是变化，

每个人都要时刻调整自己以应对各种变化，

变革可能失败，但不变肯定失败。

个性领导力——陈北北的晋升

平安夜这一天，陈北北给团队每个人准备了一颗又大又圆的红苹果，寓意新的一年大家"平平安安"。就在这一天她收到了晋升成功的通知，尽管这是一个好消息，但是陈北北却有了新的思考。新角色的定位、岗位职责、职位高度，与之前相比都有不小的变化。在陈北北看来，各个公司的管理层都是以男性为多，似乎提倡女性担任重要领导职务的呼声少之又少。"对于女性来说，在职场中是不是存在一层隐形的天花板？"这是陈北北思考的问题。为了找到答案，陈北北查找了大量的资料。

其中一份资料提到，美国曾有两家管理咨询公司针对女性领导力特质进行过研究，其中四条结论分别如下。

1. 男性领导者更倾向于从自己的角度出发想问题、做判断，沟通工作做得不如女性；而女性则更加重视沟通，收集全面的信息，更好地对这些信息进行整合，所以女性在整合力上有着特质上的优势。

2. 女性的韧性特别强，持久力也比较强，所以，当面对多数人都认为做不到的事情时，她们的信心和进取心反而更高，这往往会导致意料之外的结果。

3. 女性的耐性十足，更善于倾听，她们也更愿意跟别人分享自己的意见，所以问题经常就会被讨论得比较充分。这就让她们在决策的过程中可以听到更多的声音，也可以更加全面地去做决定。

4. 女性具有更强的牺牲精神，所以她们更容易为一件她们认为值得的事冒险，也更容易把那些沉重的负担变成前进的动力。

通过大量查阅女性领导力方面的资料和独立思考，陈北北心里的一层隔膜似乎被捅破了，不论女性的职业发展受哪些因素的影响，她最重要的是做到不满足于现状，不断突破，展现自己的价值，让自己脱颖而出。

再次回过头来看这次晋升述职，陈北北一开始就非常重视这次机会。

如何做好晋升述职？很多人都缺乏结构性思维，讲着冗长的PPT，却不能很好地说清楚一件事情的价值和意义。一次好的晋升述职，应当提前做好充足的准备。以下是陈北北为这次晋升述职所做的七步准备。

第一步，了解公司的晋升职级标准。一般来说，公司会给不同的职级定义相应的能力模型，你可以提前了解晋升职级标准。

第二步，研读晋升职级标准，提炼三个最重要的关键词，作为晋升述职PPT的展示要点。

第三步，明确晋升述职是一个推销自己的过程。晋升述职不是一次项目汇报，而是通过项目来展现自己的业绩和能力。

第四步，换位思考。晋升述职的考评人不一定熟悉你的岗位和工作，所以要能在述职中体现你的岗位在组织中的位置、价值和重要性。

第五步，求精而不求全。考虑到会有时间限制，可以着重讲2～3个案例，案例内容要体现之前提炼的关键词，而且这几个案例要体现不同的能力侧重点。

第六步，展现胜任力。在晋升述职收尾的时候，要记得展现自己对新岗位的胜任力，可以通过新老工作的工作计划对比，让考评人感受到你已经明确了新角色的责任，从而对你有信心。

第七步，提前演练。最好是请高职级的同事或直属老板帮忙，除了请他们提意见，还可以提前感受问答环节。同时，通过试讲把握整个晋升述职的时间，避免现场超时。

机会都是留给有准备的人，陈北北对这次晋升述职信心十足。

她说："你只看到我们身材矮小，却看不见我们内心的力量；你只知道我们身段柔软，却不知道我们比谁都坚强。"

融会贯通

1. 女性领导者的优势：

（1）女性在整合力上有着特质上的优势。

（2）女性的韧性特别强，持久力也比较强。

（3）女性的耐性十足。

（4）女性具有更强的牺牲精神。

2. 晋升述职的七步准备：

了解公司的晋升职级标准→研读晋升职级标准，提炼三个最重要的关键词→明确晋升述职是一个推销自己的过程→换位思考→求精而不求全→展现胜任力→提前演练。

一句千金

勇敢地向前一步，发挥女性在领导力中特有的优势，

成为职场领导者，充分实现自我价值，

自信、睿智、温柔地坚持。

在快速发展和变化的时代，"拥抱变革"是最经常听到的口号。

但说实话，喊口号的原因嘛，是因为大家多少害怕变革。

当不得不变革时，人的心理上会产生一个逐渐变化的过程。

一开始总是拒绝的。尽管知道变革的事实不可改变，但是会把变革当作敌人。

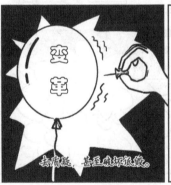

去质疑，甚至破坏诋毁。

我可不关心。

就算是已经在实施中的变革，往往也难以让人改变负面情绪。

这时大家还会有不配合的行为：你变你的，我躲起来看着就好。

直到变革进行了一段时间之后，人们才会渐渐习惯有变革的存在，可以与变革和平共处。

也会配合，但是往往不积极。

欢迎参与变革！

哦。

不过，参与到变革中总是一个好开端，从此以后，大家会慢慢发现，变革是有趣的。

这不是斯德哥尔摩综合征吗？被变革绑架后，迫不得已之下喜欢上了变革？

不不，我们可不是被变革"绑架"了，而是我们要主导变革。

绑架变革。

我们配合变革不是让变革追着跑，

而是占据主动，去管理变革。

当我们乐于参与到变革中时，会看到组织在变革中会经历八个阶段，

八个阶段

或者叫通向变革成功的八个步骤。

第一步：走出舒适区

变ZZZ革ZZ

躺着喊口号可不是真变革。

变革是自顶向下的革新，所以建立领导团队很重要。

这样才能保证变革始终都有正确的指导和强力的支持。

第二步：建立领导团队

第三步：创建变革愿景

领导团队要首先给出明确的变革目标。

看见有三棵树的山顶了吗？

眼镜……我不到了……

第四步：
沟通愿景达成认同

有效地把变革目标传递给团队，有时候要反复沟通，多次重复。

&*（&……%
*￥%……

说第三遍了吧？

嗯，今天的第三遍，这周的第二十六遍。

前四步算是开始实际行动前的准备工作，下面就要有具体的变革动作了。

第五步：授权行动

START

所有人都行动起来！没有行动的嘛……

难道，我是要被变革的对象。

第六步：快速获得成效

大肆庆祝一番吧！
一方面是振奋人心，另一方面是有了可以让变革深化的基础。

第七步：扩大影响，深化变革

变革是不断循环迭代的过程，让变革螺旋式上升，持续向最初的愿景靠拢。

最后，还有一个非常重要的步骤。

把变革的刻意行动变成组织中自然的习惯。

习惯是不需要动脑子、自然就能去做的行为，把刻意行动变成习惯就减少了胡思乱想的成本。

第八步：规章化和制度化

对照来看，组织的"习惯"就是建立规范，明确制度，把变革的成果变成自然而然的日常。

这时，变革目标达成，变革成果已经彻底融入团队里了。

变革成功！

确实，从好的方面看，变革成功！

但是，从另一方面来看……

新的舒适区已经形成，该考虑继续跳出，酝酿新的变革了。

这时候你们倒是适应变化快了……

10 第十章

第十章

四季更替

终身学习——培育学习型团队的土壤

圣诞节前夕，陈北北一直在思考给大家送一份什么样的礼物，除了在工作上给大家带来快乐轻松的氛围、成就感外，是不是可以带团队养成一种学习习惯作为礼物。于是她给每个人买了一本《高效能人士的七个习惯》作为圣诞礼物，并在书的第一页上写道："腹有诗书气自华，共建学习型团队从这本书开始吧！"

在终身学习的时代，如何有效学习与坚持学习一样重要。让团队受益最多的莫过于"心智模式"的改变，每天大部分时间都在工作上，陈北北决定先从自己团队开始，打造学习型团队文化。一颗小种子如何长成参天大树？种子里并没有树生长所必需的资源，这些资源无疑是从周围环境中获得的，那就是树木成长的起始场所。

学习型团队并不是指参加各种形式上的培训（见表10-1），而是指团队中每个人都充满了学习的热情、拥有学习的能力，而这群人在一起又能不断地相互激发，进而促使整个团队在创新和试错中不断进化。

表 10-1　培训与学习的对比

培训	学习
由他人实现，从外到内	由员工自己发起，从内到外
支持稳定的运作	支持持续改变
关注知识、技巧、能力以及工作表现	关注价值、态度、创新和结果
适用于提高基本能力	帮助个人和团队学会如何学习以及创造解决问题的方式

（续）

培训	学习
强调改善	强调突破（心智转变）
不一定与企业的使命和战略有关	与企业愿景、成功要素直接相关
结构清晰，具有明确的短期目标	正式或非正式的、以未来为导向的、学员自发的

学习型团队是培养团队自我反省习惯和发现问题能力的心智模式，通过一起学习和从彼此身上学习，拥有这种持续学习和醒悟能力的团队才叫学习型团队。每当大家聚在一起的时候，就有了团队学习的氛围。过程中强调自我管理学习、思想碰撞流动，或通过彼此帮助共同解决某个难题。

陈北北开始在自己的团队里推广和实践"学习型团队"，她结合团队现状，制定了一套方案——自主学习体系。

定目标：

1. 建立以话题为单位的学习组。

2. 促进团队成员持续、自发地学习。

3. 有意识地创造大量学习机会，创造学习时间和空间。

设学习官：

由团队成员轮流担任学习官，组织团队的学习活动。

建体系：

1. 达共识：就建立学习型团队与团队达成共识。

2. 建机制：制定学习官值班表和奖励制度，鼓励员工制订个人发展计划。

3. 定形式：研讨会、读书会、微课、交流会。

研讨会：分析某个复杂事件、尝试某种创新性行动，共同解决某个难题。

读书会：定期组织团队读书会活动，阅读推荐书籍，以沙龙形式进行分享探讨。

微课：以提升专业能力为方向，团队成员自定主题，制作微课，轮流授课分享。

交流学习：整合团队成员手上的外内部信息、资源，以主题研讨会的形式进行公司内外部交流。

4. 知识管理与收集：从主动学习知识到主动分享知识，把个体智慧变成集体智慧沉淀下来，并将共享知识资料收集起来。

趁着年末这段时间，在陈北北的鼓励和引导下，整个团队沉浸在浓浓的学习氛围中。在这个过程中，陈北北体会到其实每个人都有主动学习的天性，但传统的管理模式压抑了这种天性，把一个个有潜力的人变成了平庸的螺丝钉，进而也让整个团队丧失了自主进化的能力。而一个团队能够拥有长期竞争力的关键，就在于他们具有比竞争对手更快、更强的主动学习能力和自主进化能力。

融会贯通

1. 学习型团队并不是指参加各种形式上的培训，而是指团队中的每个人都充满了学习的热情、拥有学习的能力，而这群人在一起又能不断地相互激发，从而促使整个团队在创新和试错中不断进化。

2. 学习型团队三部曲：定目标→设学习官→建体系。

一句千金

打造学习型团队，将学习植入全面工作流程中，

形成工作即学习的一体化思维，以用促学，

及时衡量和展现学习成果。

职业规划——遇见明天的自己

　　元旦将至，窗外响起噼里啪啦的鞭炮声，室内陈北北的手机铃声也响了起来。"谢谢您的青睐，我会好好考虑，但目前暂时没有跳槽的打算，未来我有了新的想法一定联系您。"一番客气之后，陈北北挂断了电话。这段时间陈北北已经接到了三通猎头的电话，陈北北都是先对猎头顾问的工作表示感谢，再表示若未来有新的考虑会与其联系。

　　正是这几通猎头的电话，让陈北北对自己的职业规划有了新的思考。陈北北思考了三个方面的问题：职业生涯的目标、职业认同和跳槽处理。

　　第一个问题：如何设定职业生涯的目标？

　　职业生涯中要有长远目标和短期目标。长远目标并不一定要特别具体，但应当反映一个人大致的工作方向，它要像远方的路标一样指引你前行。短期目标可以是"半年目标"或"1年目标"，不要太长也不要太短。设定短期目标要考虑两个方向。

　　1.关注结果，我的团队能为公司做什么。

　　2.自我成长，在接下来的一年里，我能学到哪些新的技能。

　　第二个问题：怎样建立职业认同？

　　职业规划的底层逻辑是明晰自己所热爱的和自己所擅长的，将两者结合起来，形成持久前进的动力，建立职业认同。

　　职业认同需要做到全身心地投入自己喜欢的职业，逐渐获得自信和成就感。

职业认同的四个标志：

1. 胜任工作。能够胜任这份工作，并在工作中成长，体验到成就感。

2. 忠诚。对这个职业保持忠诚，愿意投入，重视这个职业。

3. 满意的回报。能从职业当中获得满意的回报。

4. 满足。能从工作中获得满足感，将工作变成自己人生精彩的一部分。

第三个问题：如何处理跳槽问题？

在跳槽前自问四个问题，提前思考，收集信息，想清楚再做决定。

1. 新工作是否能带来我想要的价值？

2. 我能承受当前失去的损失吗？

3. 新工作的黑色一面我有看到吗？我现在看到的是真实的吗？

4. 现在的工作对我是不是真的已经没有价值了？

考虑清楚上述问题之后，应当如何优雅地转身呢？

优雅地转身 = 好的离职时机 + 持续的情感账户 + 无法拒绝的理由。

最好的离职时机是阶段性的任务完成、功成身退的时候。离开的时候，准备一个好的理由，能让你与自己的上级和原同事保有持续的情感账户。要记住"换游泳池并不能解决不会游泳的问题"，并清楚地知道这次跳槽对自己职业发展的影响。更好的发展是为了当有一天遇到真正要追寻的东西，能够有更多的空间和机会去追逐。想清楚这三个问题，让陈北北更加清楚地知道自己追求的是什么，以及自己该如何为之努力。

陈北北想着想着，静静地闭上了眼睛，开始幻想 1 年后的自己。那是一个清晨，她和往常一样，在自己刚买不久的公寓里醒来，看着天花板上自己精心挑选的水晶吊灯，然后起床打开衣柜，选了一件轻熟风的连衣裙，接着走到厨房做了低脂早餐。吃完早餐，她开着一辆红色的 SUV 驶向大楼林立的中国互联网产业园区，同事们见了她还亲切地叫着"北北姐"。这一天，上午的工作内容是讨论即将到来的线上节日大促方案。团队里应该至少有10人了。上午工作结束后，陈北北和团队成员一起吃午餐时，大家谈到了周末的出游计划。

　　下午的工作内容是和兄弟部门一起开会，就新项目目标达成一致。下班后她要先去健身房运动1小时，再找赵小陌一起吃晚餐，叙叙旧，晚餐后回到家继续学习，准备参加MBA的考试。对于一天的工作和生活，陈北北感觉充实而知足。如果要给自己这一天留下一张照片，她可能会留下和张小团、阿度、老滴、大米等团队成员共进午餐的某个瞬间。陈北北想着想着，脸上露出了幸福的微笑，心里说：没准那时也会遇见他！

融会贯通

1. 对猎头顾问的工作表示感谢，并表示未来有新的考虑会与其保持联系。
2. 职业生涯中要有长远目标和短期目标。
3. 职业认同的四个标志：胜任工作、忠诚、满意的回报、满足。
4. 优雅地转身 = 好的离职时机 + 持续的情感账户 + 无法拒绝的理由。

一句千金

通过自我觉察与测评工具解构本我，

探寻个人使命、愿景、价值观，

明晰自身长短板，梳理职业目标及规划，

建立职业认同，形成职业优势。

春天，面对万物复苏，容易产生"认知"的通感，就像我们面对新的团队、新的工作内容时，认知未知，接受挑战。

夏天，热情洋溢，让我们有融入集体、建立"信任"的感触，就像我们在工作中积极沟通，建立同理共识，把团队融为整体。

秋天，是理智和躬行，把认知和信任转化为"行动"，就像我们团结协作，推进项目，朝着既定的目标前进。

冬天，到了一个周期的终点，是感受"致知"的时节。我们常常在这时总结，为一年的收获复盘，也为来年的工作打下基础。

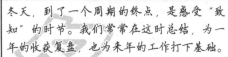

终身学习

春知　夏信

秋行　冬致

职业发展

四季轮回的过程，也是我们终身持续学习的过程。这是不停经历从开始认知，到建立信任，再到行动实践，最后到总结和收获的过程。

这些轮回也是我们职业发展的过程，随着我们的知识和经验不断丰富，职业经历也会从初级经理一步步升到更高的领导层级。

无论我们现在已经在什么样的位置，相信都还可以从四季的更替中找到让自己更上一层楼的感悟和方法。因此，希望这本故事集能够在领导力修炼领域伴随您度过很多个春夏秋冬。

彼得·德鲁克全集

序号	书名	要点提示
1	工业人的未来 The Future of Industrial Man	工业社会三部曲之一，帮助读者理解工业社会的基本单元——企业及其管理的全貌
2	公司的概念 Concept of the Corporation	工业社会三部曲之一，揭示组织如何运行，它所面临的挑战、问题和遵循的基本原理
3	新社会 The New Society：The Anatomy of Industrial Order	工业社会三部曲之一，堪称一部预言，书中揭示的趋势在短短十几年都变成了现实，体现了德鲁克在管理、社会、政治、历史和心理方面的高度智慧
4	管理的实践 The Practice of Management	德鲁克因为这本书开创了管理"学科"，奠定了现代管理学之父的地位
5	已经发生的未来 Landmarks of Tomorrow：A Report on the New "Post-Modern" World	论述了"后现代"新世界的思想转变，阐述了世界面临的四个现实性挑战，关注人类存在的精神实质
6	为成果而管理 Managing for Results	探讨企业为创造经济绩效和经济成果，必须完成的经济任务
7	卓有成效的管理者 The Effective Executive	彼得·德鲁克最为畅销的一本书，谈个人管理，包含了目标管理与时间管理等决定个人是否能卓有成效的关键问题
8 ☆	不连续的时代 The Age of Discontinuity	应对社会巨变的行动纲领，德鲁克洞察未来的巅峰之作
9 ☆	面向未来的管理者 Preparing Tomorrow's Business Leaders Today	德鲁克编辑的文集，探讨商业系统和商学院五十年的结构变化，以及成为未来的商业领袖需要做哪些准备
10 ☆	技术与管理 Technology，Management and Society	从技术及其历史说起，探讨从事工作之人的问题，旨在启发人们如何努力使自己变得卓有成效
11 ☆	人与商业 Men，Ideas，and Politics	侧重商业与社会，把握根本性的商业变革、思想与行为之间的关系，在结构复杂的组织中发挥领导力
12	管理：使命、责任、实践（实践篇） Management:Tasks,Responsibilities,Practices	
13	管理：使命、责任、实践（使命篇） Management:Tasks,Responsibilities,Practices	为管理者提供一套指引管理者实践的条理化"认知体系"
14	管理：使命、责任、实践（责任篇） Management:Tasks,Responsibilities,Practices	
15	养老金革命 The Pension Fund Revolution	探讨人口老龄化社会下，养老金革命给美国经济带来的影响
16	人与绩效：德鲁克论管理精华 People and Performance: The Best of Peter Drucker on Management	广义文化背景中，管理复杂而又不断变化的维度与任务，提出了诸多开创性意见
17 ☆	认识管理 An Introductory View of Management	德鲁克写给步入管理殿堂者的通识入门书
18	德鲁克经典管理案例解析（纪念版） Management Cases(Revised Edition)	提出管理中10个经典场景，将管理原理应用于实践

彼得·德鲁克全集

序号	书名	要点提示
19	旁观者：管理大师德鲁克回忆录 Adventures of a Bystander	德鲁克回忆录
20	动荡时代的管理 Managing in Turbulent Times	在动荡的商业环境中，高管理层、中级管理层和一线主管应该做什么
21	迈向经济新纪元 Toward the Next Economics and Other Essays	社会动态变化及其对企业等组织机构的影响
22	时代变局中的管理者 The Changing World of the Executive	管理者的角色内涵的变化、他们的任务和使命、面临的问题和机遇以及他们的发展趋势。
23	最后的完美世界 The Last of All Possible Worlds	德鲁克生平仅著两部小说之一
24	行善的诱惑 The Temptation to Do Good	德鲁克生平仅著两部小说之一
25	创新与企业家精神 Innovation and Entrepreneurship:Practice and Principles	探讨创新的原则，使创新成为提升绩效的利器
26	管理前沿 The Frontiers of Management: Where Tomorrow's Decisions Are Being Shaped Today	德鲁克对未来企业成功经营策略和方法的预测
27	管理新现实 The New Realities	理解世界政治、政府、经济、信息技术和商业的必读之作
28	非营利组织的管理 Managing the Non-Profit Organization : Principles and Practices	探讨非营利组织如何实现社会价值
29	管理未来 Managing for the Future:The 1990s and Beyond	解决经理人身边的经济、人、管理、组织等企业内外的具体问题
30	生态愿景 The Ecological Vision：Reflections on the American Condition	对个人与社会关系的探讨，对经济、技术、艺术的审视等
31	卓有成效管理者的实践（纪念版） The Effective Executive in Action: A Journal for Getting the Right Things Done	一本教你做正确的事，继而实现卓有成效的日志笔记本式作品
32	巨变时代的管理 Managing in a Time of Great Change	德鲁克探讨变革时代的管理与管理者、组织面临的变革与挑战、世界区域经济的力量和趋势分析、政府及社会管理的洞见
33	德鲁克看中国与日本：德鲁克对话"日本商业圣手"中内功 Drucker on Asia: A Dialogue between Peter Drucker and Isao Nakauchi	明确指出了自由市场和自由企业，中日两国等所面临的挑战，个人、企业的应对方法
34	德鲁克论管理 Peter Drucker on the Profession of Management	德鲁克发表于《哈佛商业评论》的文章精心编纂，聚焦管理问题的"答案之书"
35	21世纪的管理挑战 Management Challenges for the 21st Century	德鲁克从6大方面深刻分析管理者和知识工作者个人正面临的挑战
36	德鲁克管理思想精要 The Essential Drucker: The Best of Sixty Years of Peter Drucker's Essential Writings on Management	从德鲁克60年管理工作经历和作品中精心挑选、编写而成，德鲁克管理思想的精髓
37	下一个社会的管理 Managing in the Next Society	探讨管理者如何利用这些人口因素与信息革命的巨变，知识工作者的崛起等变化，将之转变成企业的机会
38	功能社会：德鲁克自选集 A Functioning society：Selections from Sixty-Five Years of Writing on Community,Society,and Polity	汇集了德鲁克在社区、社会和政治结构领域的观点
39	德鲁克演讲实录 The Drucker Lectures: Essential Lessons on Management, Society and Economy	德鲁克60年经典演讲集锦，感悟大师思想的发展历程
40	管理(原书修订版) Management(Revised Edition)	《管理：使命、责任、实践》一书的修订版，融入了德鲁克于1974～2005年间有关管理的著述

沙因谦逊领导力丛书

清华大学经济管理学院领导力研究中心主任
杨斌 教授 诚意推荐

合作的伙伴、熟络的客户、亲密的伴侣、饱含爱意的亲子
为什么在一次次的互动中，走向抵触、憎恨甚至逃离？

推荐给老师、顾问、教练、领导、父亲、母亲等
想要给予指导，有长远影响力的人
沙因 60 年工作心得——谦逊的魅力

埃德加·沙因（Edgar H. Schein）

世界百位影响力管理大师之一，企业文化与组织心理学领域开创者和奠基人
美国麻省理工斯隆管理学院终身荣誉教授
芝加哥大学教育学学士，斯坦福大学心理学硕士，哈佛大学社会心理学博士

1《恰到好处的帮助》
讲述了提供有效指导所需的条件和心理因素，指导的原则和技巧。老师、顾问、教练、领导、父亲、母亲等想要给予指导，有长远影响力的人，"帮助"之道的必修课。

2《谦逊的问讯》（原书第 2 版）
谦逊不是故作姿态的低调，也不是策略性的示弱，重新审视自己在工作和家庭关系中的日常说话方式，学会以询问开启良好关系。

3《谦逊的咨询》
咨询师必读，沙因从业 50 年的咨询经历，如何从实习生成长为咨询大师，运用谦逊的魅力，帮助管理者和组织获得成长。

4《谦逊领导力》（原书第 2 版）
从人际关系的角度看待领导力，把关系划分为四个层级，你可以诊断自己和对方的关系应该处于哪个层级，并采取合理的沟通策略，在组织中建立共享、开放、信任的关系，有效提高领导力。